百姓维权实用案例丛书

婚姻家庭案例选编

曹三明　主编
国家法官学院案例编辑部编撰

中国社会出版社

图书在版编目（CIP）数据

婚姻家庭案例选编/曹三明主编. —北京：中国社会出版社，2009.9

（百姓维权实用案例丛书）

ISBN 978-7-5087-2797-4

Ⅰ. 婚… Ⅱ. 曹… Ⅲ. 婚姻家庭纠纷—案例—汇编—中国 Ⅳ. D923.905

中国版本图书馆 CIP 数据核字（2009）第 164461 号

书　　名：婚姻家庭案例选编
主　　编：曹三明
责任编辑：王秀梅　逄玉静　张耀文

出版发行：中国社会出版社　　邮政编码：100032
通联方法：北京市西城区二龙路甲 33 号新龙大厦
电话：（010）66080300　　（010）66083600
（010）66085300　　（010）66063678
邮购部：（010）66060275　电传：（010）66051713
网　　址：www.shcbs.com.cn
经　　销：各地新华书店

印　　刷：北京京海印刷厂
开　　本：140mm×203mm　1/32
印　　张：6.625
字　　数：160 千字
版　　次：2009 年 10 月第 1 版
印　　次：2014 年 3 月第 3 次印刷
定　　价：12.00 元

编 撰 者

主　　编　曹三明

副 主 编　金俊银　樊　军

编 撰 者　曹三明　金俊银　樊　军

　　　　　苏　烽　吴光荣　朱　昆

案例编务　温培英

序 言

家庭是社会的细胞，是组成复杂的大千世界的最小单位。和谐的婚姻关系、和谐的家庭关系对和谐社会的建设与推进起着不可估量的积极作用。因此，党和政府一直把家庭发展纳入国家发展战略，使我国婚姻家庭建设沿着健康的方向不断前进。主要表现之一就是婚姻家庭立法的逐步完善，从法律上确保婚姻家庭、老人儿童的合法权益。但是，随着社会经济发展的不断多元化，婚姻家庭领域也出现了不少新问题，如重婚、纳妾、家庭暴力等等。日益增多的离婚现象就是这股浊流的最直接表现。

本卷辑录了婚姻家庭及其继承方面的案例三十余个。婚姻家庭方面的案例涉及的内容既多且杂，有一般的离婚纠纷案件，有重婚纠纷案件，有婚约财产纠纷案件，有解除同居关系纠纷案件，有婚姻无效纠纷案件，有离婚后子女抚养权纠纷案件，有赠与合同纠纷案件，有离婚后变更子女姓名纠纷案件，有婚姻关系存续期间一方擅自处分共有房屋纠纷案件，有婚内借条效力纠纷案件，有探望权纠纷案件，甚至还有探望权执行费纠纷案件。其中有的案件还具有涉外因素。

法院在处理此类案件时适用的法律和司法解释主要有《中华人民共和国婚姻法》、《最高人民法院关于适用〈中华人民共和国婚姻法〉若干问题的解释（一）》、《最高人民法院关于适用〈中华人民共和国婚姻法〉若干问题的解释（二）》、《中华人民共和国民法通则》、《中华人民共和国民事诉讼法》、《最高人民法院关于审理离婚案件如何认定夫妻感情确已破裂的若干具体意见》、《最高人民法院关于审理未办结婚登记而以夫妻名义同居生活案件的若干意见》、《最高人民法院关于民事诉讼证据的若干规定》、《中华人民共和国物权法》、《中华人民共和国合同法》、《中华人民共和国刑法》、《中华人民共和国刑事诉讼法》、《最高人民法院关于审理人身损害赔偿案件适用法律若干问题的解释》等法律。

继承问题是几乎每个人或早或晚都会遇到的现实问题，继承问题的处理也关系着千家万户，关系着社会的和谐与稳定。继承方面的问题相比较婚姻家庭方面不是很复杂，主要涉及的是遗嘱的有效性问题、遗产的认定问题、财产处理原则问题、继承人有无继承资格问题等等。

法院在处理此类案件时适用的法律和司法解释主要有《中华人民共和国继承法》、《最高人民法院关于适用〈中华人民共和国继承法〉若干问题的意见》、《中华人民共和国民法通则》、《中华人民共和国民事诉讼法》、《中华人民共和国收养法》、《中华人民共和国婚姻法》、《最高人民法院关于确定民事侵权精神损害赔偿责任若干问题的解释》等法律。

此外，还有父母骨灰合葬纠纷案例，这一类案件在有关婚姻家庭继承纠纷的案件中不是很常见。

目　录

一、黄爱叶申请宣告婚姻无效纠纷案

原告（申请人）名称：黄爱叶
被告（被申请人）名称：陈　勋
被告（被申请人）名称：黄文玲

一、诉辩主张

申请人诉称：申请人与被申请人陈勋于1992年经人介绍相识，1993年同居生活，同年5月双方在福州举办民间婚礼。1993年12月21日生育一子陈博文。黄爱叶为给其子陈博文报户口，向其姐姐即被告黄文玲借身份证，并于1994年11月9日，在申请人黄爱叶与被申请人黄文玲均未到场的情况下，由被申请人陈勋一人持相关证件办理了陈勋与黄文玲名义的结婚登记，结婚证上照片为黄爱叶与陈勋合影。申请人认为两被申请人的婚姻关系违反相关法律规定，应属无效。申请人请求依法宣告被申请人陈勋与黄文玲之间的婚姻无效。

被申请人陈勋辩称：他与黄爱叶认识经过、生育子女情况如原告所述无误。为了给陈博文报户口，黄爱叶向其姐姐黄文玲借身份证，1994年11月9日办理结婚登记时申请人黄爱叶与被申请人陈勋均在场，黄文玲不在场。结婚登记材料上“黄文玲”的签名是被告陈勋一人所签。

被申请人黄文玲辩称：她是黄爱叶的姐姐，黄爱叶与陈勋的认识经过、生育子女情况如原告所述。黄爱叶确曾向其借用身份证，且并未说明用途。1994年11月9日办理结婚登记时黄文玲本人并不在场，直至黄爱叶与陈勋之间发生纠纷方得知此事。

二、法院认定事实

福州市仓山区人民法院经审理查明：申请人黄爱叶与被申请人陈勋于1992年经人介绍相识，1993年同居生活，同年5月双方在福州举办民间婚礼。1993年12月21日生育一子陈博文。1994年11月9日登记的“下渡字第153号结婚证”所列婚姻双方为陈勋、黄文玲，结婚证照片双方为陈勋、黄爱叶。庭审中双方当事人自认：婚姻登记材料中“黄文玲”签名系由被申请人陈勋一人所签，登记所用的黄文玲身份证系黄爱叶向黄文玲借用，办理登记时黄文玲本人不在场。

上述事实有下列证据证明：

1.“下渡字第153号结婚证”复印件，旨在证明两被申请人的婚姻关系；

2. 结婚登记审批材料复印件五张，旨在证明申请人借用被申请人黄文玲的身份证进行登记结婚，结婚证上照片是申请人与被申请人陈勋合影，登记材料上“黄文玲”签名是被申请人陈勋所签；

3. 2005年3月1日黄文玲出具的证明件复印件一张，旨在证明婚姻登记经过；

4. 户口本复印件；

5. 陈勋身份证复印件，证据4、5旨在证明陈勋身份情况及陈勋与陈博文的父子关系；

6. 司法鉴定书复印件，旨在证明黄爱叶与陈博文的母子关系；

7.（2006）榕民终字第2092号民事裁定书，旨在证明申请人黄爱叶可作为利害关系人提起本诉讼。

三、法院判案理由

福州市仓山区人民法院依据上述事实和证据认为，《中华人民共和国婚姻法》第八条规定：“要求结婚的男女双方必须亲自到婚姻登记机关进行结婚登记。符合本法规定的，予以登记，发给结婚证。取得结婚证，即确立夫妻关系。未办理结婚登记的，应当补办结婚登记。”本案申请人借用被申请人黄文玲的身份证，并在黄文玲没有亲自到场的情况下由被申请人陈勋代替签名办理结婚登记，该登记行为违反法律规定，应属无效民事行为。该行为的结果即两被申请人间的婚姻关系亦属无效，本案申请人作为利害关系人，提出的诉讼请求本院予以支持。

四、法院判决结果

福州市仓山区人民法院依照《中华人民共和国婚姻法》第八条、《最高人民法院关于适用〈中华人民共和国婚姻法〉若干问题的解释（一）》第九条的规定，判决如下：宣告被申请人陈勋与被申请人黄文玲之间的婚姻无效；本判决一经作出即发生法律效力。

辨法析理

本案的婚姻登记行为属于借用他人身份证进行登记的虚假登记行为。现行《中华人民共和国婚姻法》（以下简称《婚姻法》）规定婚姻无效的事由仅指四种不符合结婚“实质要件”的情形，不包括“虚假登记行为”。在《婚姻法》修正并适用的同时，《婚姻登记管理条例》尚未废止，该条例第二十五条关于对“虚假登记行为”宣布无效的处理方式与《婚姻法》关于婚姻无效宣告的处理方式并行不悖，在婚姻无效制度上体现为“实质要件”审查与“程序要件”审查的合一，仅是处理机关的不同。但随着《婚姻登记条例》于2003年10月1日起施行，上述《婚姻登记管理条例》同时废止，现行《婚姻登记条例》中已不见关于虚假登记行为及相关处理的规定。

上述立法现状导致现实中许多经虚假登记形成的“婚

姻关系”在法律面前遭遇尴尬，其不再属于婚姻登记机关处理范围，同时其既不属于现行《婚姻法》关于婚姻无效的事由，也不属于可撤销婚姻的事由，而且显然违法的虚假登记行为也使得其无法通过离婚途径解决。实践中对此类“婚姻关系”效力的认定面临法律适用上的困难。本案主审法官认为虚假登记形成的“婚姻关系”有违《婚姻法》的平等自愿原则，在效力的认定上应持否定态度。鉴于目前《婚姻法》未对虚假登记行为的处理与认定进行规范，合议庭多数意见认为，应适用《民法通则》关于民事行为效力的相关规范，因为《婚姻法》虽为特别立法，但作为民法体系的两部法律，《婚姻法》与《民法通则》在位阶上并无高低之分，《民法通则》关于民事行为效力的相关规范与婚姻法关于婚姻效力的相关规范并不冲突。需要特别指出的是，《民法通则》与《合同法》对民事行为无效与合同无效作了不同规定，体现了《合同法》作为特别法在具体规范适用上的优先性，而《婚姻法》对“虚假登记行为”未作规定，不能理解为关于民事行为无效的理论在此有所突破。

正因为在能否直接引用《民法通则》相关规范对婚姻效力予以认定的问题上存在分歧，本案在裁判文书的书写上采用了折中的方式，仅在说理部分阐述民事行为无效的法律后果，而并未直接引用《民法通则》的具体规范进行判决。现实生活中虚假登记结婚屡见不鲜，而理论界关于这方面的研究却十分有限。本案反映了目前法律适用方面的空白，因此探讨并解决这一问题具有较高的理论价值与现实意义。

编写人：福建省福州市仓山区人民法院　孙志高

二、冯华英诉林伟龙离婚纠纷案

原告名称：冯华英

被告名称：林伟龙

一、诉辩主张

原告诉称，原、被告于 1996 年 4 月经被告的大姨介绍认识，双方未作进一步了解，即于 1997 年 4 月 17 日登记结婚，领取“岚原婚字第 006 号结婚证”，婚后于 1998 年 4 月 11 日生育一子林鑫翔。因双方婚前缺乏了解，婚后无法建立夫妻感情，经常因家庭琐事发生争吵。特别是 1997 年 7 月 29 日被告因病截肢后，脾气更加暴躁，常无故对原告进行辱骂。原告曾于 2006 年准备向苏沃法庭提出离婚诉讼，后在双方亲友的劝解下，被告保证改正错误，原告念及婚生子年幼，希望被告能够改变，后放弃起诉。但事后，被告仍然恶习不改，依旧我行我素，经常无故怀疑原告，对原告进行辱骂，给原告正常工作生活带来极大影响。因此，原告认为双方夫妻感情确已破裂，且无和好可能，故请求依法判令原、被告离婚；婚生子林鑫翔归原告抚养，抚养费由原告自行承担。

被告辩称：原、被告的结合系被告的大姨介绍的，双方家庭距离不远，自幼都比较熟悉，再经过一年多的恋爱后结婚，婚后第二年就生一男孩，因此，夫妻感情基础是牢固的。婚后 8 个月，被告被诊断为右脚下肢患恶性肿瘤，采取断肢手术，使被告变成残疾人。原、被告之间的争吵主要是由于工程的工资和股份分红方面的经济矛盾问题，不能说是夫妻感情“确已破裂”。因此，被告认为，原、被告夫妻感情并没有破裂，不同意离婚。

二、法院认定事实

平潭县人民法院公开开庭审理查明：

原、被告双方经被告的大姨介绍相识，经过近一年时间的恋爱后，于1997年4月17日登记结婚，1998年4月11日生育一子林鑫翔。婚后不久，被告即被诊断患有右肢骨下段骨肉瘤，于1997年7月29日至1997年9月15日期间在福建省肿瘤医院进行截肢手术。由于原、被告双方没有正确处理好家庭经济等方面的问题，致使原、被告经常发生争吵，从而影响了夫妻感情。为此，原告提出离婚诉讼。

三、法院判案理由

平潭县人民法院根据上述事实和证据认为：

原、被告双方经过一定的了解后结婚，并生育有一子，具有一定的感情基础。我国《婚姻法》规定，夫妻有互相扶养的义务，现被告肢体残疾，劳动能力受到较大的影响，如果原、被告能够互相关心体谅对方，妥善处理好夫妻之间的矛盾，共同珍惜这个家庭，夫妻尚有和好可能，故对原告提出的离婚诉请，本院不予支持。

四、法院判决结果

平潭县人民法院依照《中华人民共和国婚姻法》第三十二条的规定，判决如下：

驳回原告冯华英的诉讼请求。

案件受理费人民币300元由原告冯华英负担。

辨法析理

一方婚后严重致残，对他方的离婚自由应予以适当限制。

社会上存在着一方婚后致残、另一方提出离婚的情况，这对受到身体和精神双重打击的残疾人而言是相当残酷、难以接受的。对于婚后严重致残的，应当给残疾人一段生理和心理的治疗、康复期，另一方要求离婚的，一般不应当允许立即离婚；在治疗结束或康复期结束后，或久治不愈、夫妻关系已无法维持的，经妥善安排好残疾人一方的生活、医疗、监护等问题后，可以准予离婚。也就是说，对残疾人婚姻的保护是有条件的。首先，致残的结果必须在婚后发生，且伤残程度严重，需要进行治疗康复。其次，对因一方致残而要求离婚的配偶他方的离婚自由，予以一定的限制。这种限制具体体现为两点：一是在致残后的治疗期内一般不允许离婚。二是在结束治疗后，或因久治不愈、双方感情确已破裂、夫妻关系无法维持的，非残疾人一方在妥善安排好残疾人一方的生活、医疗、监护等问题后，方可准予离婚。

一方婚后严重致残，对他方离婚自由予以适当限制的理由如下：

夫妻间的相互扶助义务是法定义务。离婚自由是夫妻双方的权利，它是婚姻自由的一个重要方面，对当事人的离婚自由法律应当予以尊重和保护。但自由是有限度的，它要受到“自然法的限制，此自然法即道德法、正当法；它不仅在自然状态中存在，在社会状态中仍然存在，并指导着成文法的制定”。在一定的条件下，为了维护残疾人权益，使因故致残者能够有一个稳定的治疗康复环境，以利于其心理和生理创伤的愈合，法律可以规定在残疾人一方的治疗期结束后，再考虑离婚问题。这是在考量社会利益的基础上对《婚姻法》离婚自由所做的修正，以平衡双方的利益。当残疾人治疗结束后或久治不愈而双方夫妻关系确已无法维持时，另一方在安排好残疾人的生活、医疗、监护等问题后，可以准予离婚。

我国立法和司法实践有先例可循。最高人民法院《关于贯彻执行民事政策法律若干问题的意见》第十条规定，“因一方患精神病对方要求离婚的，处理时既要保障婚姻自由，又要有利于对患者的治疗和生活上的安置。婚前隐瞒了病情，婚后经治不愈应做好工作，准予离婚；原来夫妻感情比较好，结婚多年，生育子女的，应指出夫妻间有互相扶助的义务，做好思想工作，以不离为宜。”以上立法和司法解释的规定表明，在我国立法和司法实践中存在着在一定条件下限制自然人离婚诉权的情况。一方婚后严重致残，对他方的离婚自由予以适当限制是有先例可循的。

而且这样做从总体上也不会影响离婚自由原则的适用。一方婚后严重致残，对他方的离婚自由予以适当限制只是在特定条件下与一定时期内限制残疾人配偶离婚的自由权。特定条件是指致残的结果必须是在婚后发生，且伤残程度严重，需要进行治疗康复。一定时期是指在致残后的治疗期内。而且，这一限制仅是针对离婚诉讼中残疾人的配偶提出离婚时的情况，如果双方自愿离婚或者残疾人一方提出离婚，则不应当受到限制。而且如果事实证明双方已经无法维持夫妻关系的，且非残疾人一方能够妥善安排好残疾人离婚后的生活的，法院可以准许其离婚。因而这一限制尽管与离婚自由原则存在一定的冲突，但并不是完全限制了残疾人配偶的离婚权，仅是在一定时期内限制其离婚自由，从总体上不会影响离婚自由原则的适用。

编写人：福建省平潭县人民法院　翁才华

三、林岚诉高仁杰离婚纠纷案

原告名称：林　岚

被告名称：高仁杰

一、诉辩主张

原告诉称：原、被告经人介绍相识后，经过短暂的交往，在双方未充分了解的情况下，即于2006年4月28日登记结婚。之后，双方尚未举行婚礼，但已同居生活，不久，原告怀孕。在原告怀孕期间，被告判若两人，不但不关心体贴原告，还经常恶语相向，伤害原告感情，晚上，双方经常吵架，被告甚至殴打原告，致原告因惊吓过度而流产。现原、被告夫妻感情确已破裂，请求依照《中华人民共和国婚姻法》第三十二条之规定，判令原、被告离婚。婚前，被告支付的5000元聘金，因原、被告已登记结婚并共同生活，且上述款目已共同消费，依照最高人民法院《关于适用〈中华人民共和国婚姻法〉若干问题的解释（二）》第十条之规定，被告无权要求原告返还。原告提供了结婚证等证据。

被告辩称：原、被告虽然办理结婚登记且同居，但并未共同生活，原告主要因为嫌弃被告家境贫寒，经常以此为借口与被告争吵，并擅自将胎儿流产，伤害了被告感情，现原、被告夫妻感情确已破裂，被告同意离婚。被告婚前支付原告彩礼20000元及其他礼金3000元共计23000元，因原、被告尚未共同生活且被告系向他人借债支付上述款目，造成现在生活困难。依照最高人民法院《关于适用〈中华人民共和国婚姻法〉若干问题的解释（二）》第十条之规定，原告应返还彩礼23000元。被告申请了证人高珠玉、苏玉平出庭作证，以证实其支付了彩礼 23000 元的事实。

二、法院认定事实

庭审中，原、被告双方对已登记结婚的事实均无异议，并有双方的结婚证为证，本院予以确认。

双方对如下事实存在争议：1. 原、被告虽已办理结婚登记，但是否已共同生活意见不一。原告主张已共同生活，并长期居住其娘家。被告主张双方尚未共同生活，被告只是偶尔到原告娘家与原告同居。2. 被告到底支付出了多少彩礼，双方意见不一。原告主张只支付 5000 元，被告主张支付 20000 元聘金及 3000 元其他礼金。

对于第一个争议事实，双方均主张虽未按民间习俗举行婚礼，但两人实际上有同居的行为，并怀有孩子，故应认定双方已共同生活。

对于第二个争议事实，被告申请了证人高珠玉、苏玉平出庭作证，来证实被告已支付聘金 20000 元及其他礼金 3000 元的事实。其中证人高珠玉（系原告舅母、被告姑姑，也是原、被告媒人）证实，原、被告婚姻系她及苏玉平介绍，后被告带 20000 元聘金及其他礼金 3000 元同她一起到苏玉平家中，由她清点后再由苏玉平提供红纸袋装好当场交给原告。证人苏玉平（系原告姨妈，亦系证人高珠玉小姑）证实，之前原、被告双方约好彩礼是 20000 元，交钱当天没有说给多少钱，是由她提供红纸袋装钱后交给原告的。

原告质证认为，当天实际上被告只支付 5000 元，证人高珠玉证词不实。

本院认为，证人高珠玉与原、被告双方均有亲属关系，又是原、被告的媒人，其证言可信度大。证人苏玉平系原告及证人高珠玉亲属，其证明原、被告曾约好彩礼是 20000 元，这对证人高珠玉的证言可起佐证作用。故对证人高珠玉证明被告曾支付聘金（即彩礼）20000 元的事实，予以认定。

平潭县人民法院经公开审理查明：原、被告经人介绍相识后，于2006年4月28日登记结婚，之后，尚未按民间习俗举行婚礼，但已共同生活。原告曾怀上孩子，同年9月6日，因故流产。双方相处期间，由于不能妥善处理相互间的琐事，造成夫妻关系紧张，导致感情破裂。现原、被告均同意离婚。

另查明，被告曾给付原告彩礼人民币20000元。庭审后，原告同意返还彩礼人民币6000元。

以上事实，有当事人陈述、结婚证、证人证言等证据予以证实。

三、法院判案理由

平潭县人民法院根据上述事实和证据认为：

原、被告夫妻感情已破裂，被告也同意离婚，故原告的离婚请求，本院予以支持。依照最高人民法院《关于适用〈中华人民共和国婚姻法〉若干问题的解释（二）》第十条之规定："当事人请求返还按照习俗给付的彩礼的，如果查明属于以下情形，人民法院应当予以支持：（一）双方未办理结婚登记手续的；（二）双方办理结婚登记手续但确未共同生活的；（三）婚前给付并导致给付人生活困难的。"原、被告虽未按习俗举行婚礼，但已同居并曾怀上孩子，生活等各方面与正常的家庭并无多大区别，故应认定为已共同生活。另外，被告又未举证证明其存在"生活困难"的情形。综上，被告不具备法定的请求返还彩礼的理由，故其请求原告返还彩礼，本院不予支持，但原告自愿返还彩礼6000元，不违反法律规定，本院予以准许。

四、法院判决结果

平潭县人民法院依照《中华人民共和国婚姻法》第三十二条之规定、最高人民法院《关于适用〈中华人民共和国婚姻法〉若干问题的解释（二）》第十条之规定，判决：

（一）准予原告林岚与被告高仁杰离婚；

（二）原告应于本判决生效之日返还被告彩礼人民币6000元；

（三）驳回被告的其他诉讼请求。

如果未按本判决指定的期间履行给付金钱义务，应当依照《中华人民共和国民事诉讼法》第二百三十二条之规定，加倍支付迟延履行期间的债务利息。

案件受理费人民币150元、其他诉讼费用人民币100元由原告承担150元，被告承担100元。

辨法析理

婚姻案件在民事案件中占有着相当大的比重，近年来有逐年上升之势。因此，婚姻案件处理得好坏，直接关系着社会的稳定，应引起广大司法工作者的高度重视。

在现实生活中，民间存在着由男方向女方支付一定数额彩礼的风俗习惯。为了成亲，许多男青年因此向亲友借钱支付聘金，造成婚后家庭负债累累，生活困难，夫妻也因此产生矛盾，家庭不和，甚至走向离婚。近年来，由于人们特别是年轻人的婚姻观、家庭观、价值观发生了很大变化，当事人的年龄日趋年轻化，婚龄也日趋变短，结婚未满两年即起诉离婚的案件比比皆是。由于结婚时间短，男方往往要求对方返还巨额聘金。对于这类案件，处理起来确实有点麻烦。根据最高人民法院《关于适用〈中华人民共和国婚姻法〉若干问题的解释（二）》第十条第（三）项之规定“婚前给付并导致给付人生活困难的”，是给付方要求返还彩礼的一个理由。实践中，何谓“导致给付人生活困难”，没有标准，法官心里也没底，当事人对此极难举证证明。因此，造成有法难依。给付方的请求往往得不到法院支持。这对给付方不公平。反过来，如果给付方能够举证证明，法院也认定其存在因婚前给付彩礼“导致给付人生活困难的”情形的，那么依照上述司法解释“当事人请求返还彩礼的，……人民法院应当支持”的理解，如果给付人要求全额返还，人民法院也应支持。实际上，女方收取的彩礼，实践中也部分或全部用于置办嫁妆或用于平时的家庭生活开支（难以举证），因此此时支持男方全额返还的要求，又显得对收受方不公平。对于这一点，最高人民法院原司法解释“法发［1993］32 号”第十九条规定“借婚姻索取的财物，离婚时，……造成对方生活困难的，可酌情返还”，这给了法官必要的自由裁量权，更容易把握公平原则作出适当处理。

编写人：福建省平潭县人民法院　施孝英

四、马克力草麦诉韩乙奴四抚养、财产纠纷案

原告名称：马克力草麦

被告名称：韩乙奴四

一、诉辩主张

原告诉称，我与被告未经结婚登记，于1997年11月以宗教习俗结为夫妻，1999年7月生育一女孩。双方在共同生活中，修建宅院一处，并在院内修建了简易西房3间，厨房2间。其间，被告无故打骂我，致使我与被告无法共同生活。现请求女儿由我抚养，被告承担每月孩子抚养费100元，并分割共同财产，本案诉讼费由被告承担。

被告辩称，我与原告虽未办理结婚登记，但以宗教习俗现已结为夫妻，我不同意离婚，也不同意女儿由原告抚养，另我和原告间无可分割的共同财产。现要求原告将我家中存放的存折上的15000元钱返还给我。

二、法院认定事实

青海省循化撒拉族自治县人民法院经审理查明：

原、被告未经结婚登记，于1997年11月按当地民族习俗举行结婚仪式，便以夫妻名义同居生活，1999年7月17日生育一女孩。同居期间，双方在村内修建120号宅院一处，并在宅院内修建了简易西房3间、西南角厨房2间。2005年9月双方因生活琐事发生矛盾，后原告回娘家居住至今，分居期间女儿随原告一起生活。2007年6月5日原告以被告打骂自己为由诉至本院，要求抚养女孩和分割共同财产。在庭审中，因被告不同意调解，调解无效。

三、法院判案理由

循化县人民法院认为，原、被告未经结婚登记，举行宗教仪式后以夫妻名义同居生活，其关系不受法律保护。对非婚生女孩韩哈七麦，原、被告双方仍有抚养教育的权利和义务，现原告要求抚养女孩，被告每月承担100元的抚养费，符合本案和当地的实际，应予支持。对同居期间原、被告共同修建的宅院及房屋，系双方共有财产，现原告提出分割财产，理由正当，于法有据，予以支持；关于被告主张要求原告返还其存放在家中存折上的15000元的意见，因其未能提供相关证据予以证实，不予采纳。

四、法院判决结果

循化撒拉族自治县人民法院为维护妇女儿童的合法权益不受侵害，依照《中华人民共和国婚姻法》第二十一条第一款、第二十五条、《最高人民法院关于人民法院审理离婚案件处理子女抚养问题的若干意见》第十一条及《中华人民共和国民法通则》第七十八条第一款、第二款之规定，判决如下：

（一）非婚生女孩韩哈七麦由原告马克力草麦抚养，被告韩乙奴四每月承担抚养费100元，直至韩哈七麦十八周岁（抚养费从2007年10月份算起，每年12月30日前一次性付清）；

（二）位于白庄乡下白庄村原、被告共同购置的120号宅院中的西房3间归原告所有，西南角厨房2间归被告所有；该宅院的园子及大门由原、被告双方共同使用。

辨法析理

本案原告马克力草麦与被告韩乙奴四均生长在离县城偏远的农村山区，在双方父母包办之下按当地婚姻习俗，未办理结婚登记，由宗教界“阿訇”念了“尼卡亥”后，双方便以夫妻名义共同生活。其间，由于马克力草麦和韩乙奴四在同居前缺乏了解，共同生活中，双方常为家务琐事发生矛盾，遂引起本案的财产与抚养诉讼。

从案件的起因上来看，本案是一起典型的男女双方同居行为引发的抚养、财产案件。自1997年11月，原、被告双方同居以来，至今未补办结婚登记手续，其行为违反了《中华人民共和国婚姻法》第八条的规定，即要求结婚的男女双方必须亲自到婚姻登记机关进行结婚登记，符合本法规定应予登记。这样从法律意义上确立了双方夫妻关系。然本案原、被告未经结婚登记，按宗教习俗，结为“夫妻”关系，并同居生活，其关系不应受法律保护。但原、被告同居生活期间生育的非婚生子女，共同财产的分割，应结合《婚姻法》及《民法通则》的相关规定，法院应当受理原告的诉求并依法作出处理。原告起诉的要求抚养女孩，由被告承担抚养教育费及分割共同财产宅院一处包括宅院内房屋3间，厨房2间的诉求，符合法律规定，被告以宗教习俗与原告结为夫妻，不同意离婚，实际上被告以宗教习俗长期不给原告“口唤”即不离婚的行为，纯属被告陈旧的宗教婚俗思想，其行为违背了《婚姻法》的立法精神，另其提出不宜分割共同财产的意见，不符合本案实际。在庭审中查实，原、被告同居生活期间购置的财产依据一般共有财产分割，生育的女孩韩哈七麦虽系非婚生子女，根据《婚姻法》第二十五条之规定，非婚生子女享有与婚生子女同等的权利，任何人不得加以危害和歧视，故原、被告双方仍对韩哈七麦有抚养教育的义务。

本案在处理过程中，法院认定原告马克力草麦与被告韩乙奴四未经结婚登记，以当地民族习俗举行宗教仪式后，便以夫妻名义共同生活，双方的同居关系不受法律保护。对非婚生女韩哈七麦，原、被告双方仍有抚养教育的义务，原告要求抚养女孩，被告每月承担抚养费 100 元，符合本案和当地的实际，法院应予以支持。对同居期间共同购置的宅院及房屋，系双方的共有财产，对此财产原告提出分割，符合法律规定，应予分割，并有利于妇女、儿童合法权益为原则进行分割。这样充分体现了本案虽未登记结婚，妇女权益仍需保障的实际，故本案根据法院查明的事实，依法作出判决。被告对判决内容提起上诉，二审法院经审理维持了一审判决，从而肯定了一审法院作出的判决内容符合本案实际和法律规定，该案的处理，体现了公平、公正、合法的原则。

编写人：青海省循化县人民法院　马明

五、孙洁诉田晶晶、李荣娟重婚纠纷案

原告（自诉人）名称：孙　洁

被告名称：田晶晶

被告名称：李荣娟

一、诉辩主张

（一）自诉人孙洁诉称：我与被告人田晶晶于1992年12月22日领取结婚证书结婚，1996年1月5日生育一女孩，取名田雨。婚后夫妻感情尚好。但从2005年被告人田晶晶多次夜不归宿，我多次寻找并追问其理由，被告人田晶晶便找理由搪塞。至2006年1月，我从他人处得知被告人田晶晶与被告人李荣娟在“中发源”饭店举行婚礼。

我遂于2006年2月21日以被告人田晶晶、李荣娟犯重婚罪向西宁市城东区人民法院提起刑事自讼。诉讼过程中，被告人田晶晶出示了1998年1月21日与我解除婚姻关系的《离婚证》，故城东区人民法院于2006年4月3日以（2006）东刑初字第64号刑事裁定书裁定驳回我的起诉。因我仍持有我俩的《结婚证》，且与被告人田晶晶从未办理过离婚手续。于是我便以撤销城东区乐家湾镇人民政府颁发给第三人田晶晶的“十乡婚字（98）第03号《离婚证》”的行政行为之诉求依法向城东区人民法院提起行政诉讼。此后历经两级人民法院四次审理，我的诉求最终得到了支持。

被告人田晶晶无视国家法律，在明知自己有配偶且在未解除婚姻关系的情况下，用虚假的《离婚证》与被告人李荣娟领取《结婚证》结婚，并生育子女。在此之前，被告人田晶晶还将我俩在共同生活期间积累的家庭共同财产转移、变卖。被告人田晶晶、李荣娟之行为，给我和孩子在精神上带来了巨大的打击，在经济上造成了无法弥补的损失。现二被告人的行为已触犯《中华人民共和国刑法》第二百五十八条之规定，犯罪事实清楚，证据确实充分，应当以重婚罪对其二人定罪处罚。故依据《中华人民共和国刑事诉讼法》第一百七十条、一百七十一条之规定提起刑事自诉，请求法院依法追究二被告人的刑事责任，并判令二被告人赔偿我的经济损失 50000 元，精神损害赔偿金 100000 元。

自诉人孙洁的委托代理人蒋勃提出，西宁市城东区人民法院（2007）东刑初字第 5 号行政判决书判决撤销了城东区乐家湾镇人民政府向自诉人孙洁、被告人田晶晶颁发的“十乡婚字（98）第 03 号《离婚证》”。自诉人孙洁与被告人田晶晶的婚姻关系持续有效。被告人田晶晶明知自己有配偶而与他人结婚的行为，已构成重婚罪。

（二）被告人的答辩及其辩护人的辩护意见

被告人田晶晶辩称，自诉人孙洁诉称的我与其结婚并生育女儿属实。后因双方感情不和于 1998 年 1 月 21 日在城东区十里铺乡人民政府领取了《离婚证》，正是据此我才于 2005 年 11 月 30 日在城东区民政局与被告人李荣娟登记结了婚。行政诉讼中，城东区人民法院因城东区乐家湾镇人民政府丢失了我的离婚登记档案材料不能举证，而判决撤销了该镇政府颁发的“十乡婚字（98）第 03 号《离婚证》”。这是在我与被告人李荣娟依法登记，并领取了《结婚证》之后的事，但此前城东区乐家湾镇人民政府颁发给我的《离婚证》是有效的。《离婚证》被撤销不是因我的过错而造成，责任在于城东区乐家湾镇人民政府。据此，我既无重婚犯罪的故意，又无重婚犯罪的行为。自诉人孙洁在没有任何法律根据的情况下滥用诉权，请求法院驳回其全部的诉求。

被告人田晶晶的辩护人赵永智提出，自诉人孙洁与被告人田晶晶的《离婚证》被撤销是因为行政机关不能举证所致。被告人田晶晶在当时的情况下，依据具有法律效力的《离婚证》与被告人李荣娟登记结婚属合法行为。另外，自诉人孙洁的住房申请表等相关资料足以证实其对离婚是明知的。综上，被告人田晶晶无重婚犯罪的故意。

被告人李荣娟辩称，我与被告人田晶晶结婚是在被告人田晶晶持有《离婚证》的情况下进行的，那时他持有的与自诉人孙洁的《离婚证》尚未被撤销。因此，我与被告人田晶晶结婚完全是合法的，无重婚犯罪的故意。请求法院驳回自诉人孙洁对我的诉求。

二、法院认定事实

青海省西宁市城东区人民法院公开审理查明：1992 年 12 月 22 日，自诉人孙洁与被告人田晶晶在西宁市城东区东关大街办事处注册登记结婚，确立了夫妻关系，1996 年 1 月 5 日生育一女孩，取名田雨。1996 年 9 月 3 日，被告人田晶晶所在单位西宁市国家税务局城东分局向自诉人孙洁所在单位青藏铁路公司西宁客运段出具证明，证明被告人田晶晶无住房。1998 年 1 月 21 日城东区十里铺乡人民政府（已于 1999 年更名为：城东区乐家湾镇人民政府）向自诉人孙洁、被告人田晶晶颁发了“十乡婚字（98）第 03 号《离婚证》”。2002 年 12 月 4 日，自诉人孙洁以“离异”的身份在其单位青藏铁路公司西宁客运段申请住房，并在《职工按成本价购买铁路公有住房申请表》、《兰州铁路局按成本价出售公有住房买卖协议书》及此后的《职工住房补贴申请审批表》婚姻状况一栏里明确填写有“离婚”或“离异”二字，享受单身职工在单位住房上的相关待遇。2005 年 11 月 30 日，被告人田晶晶与被告人李荣娟在城东区民政局领取了“东民婚字第 1521 号《结婚证》”，并于 2006 年 1 月 8 日在本市“中发源”饭店举行婚礼。自诉人孙洁遂于 2006 年 2 月 21 日以重婚罪向西宁市城东区人民法院提起刑事自讼。2006 年 4 月 3 日西宁市城东区人民法院以证据不足作出（2006）东刑初字第 64 号刑事裁定书，裁定驳回原告孙洁的起诉。自诉人孙洁不服裁定提起上诉，西宁市中级人民法院于 2006 年 5 月 9 日以（2006）宁刑终字第 62 号刑事裁定书裁定：驳回上诉，维持原判。

另查明，自诉人孙洁于 2006 年 5 月 22 日以撤销被告城东区乐家湾镇人民政府颁发给第三人田晶晶与其的“十乡婚字（98）第 03 号《离婚证》”之行政行为的诉求向本院提起行政诉讼。本院受理后，于 2006 年 9 月 4 日以自诉人孙洁之诉讼超过诉讼时效为由作出（2006）东行初字第 8 号行政裁定书，裁定驳回原告孙洁的起诉。宣判后，原告孙洁不服裁定提起上诉，西宁市中级人民法院以乐家湾镇人民政府无法提供作出具体行政行为的证据，自诉人孙洁的诉讼未超过法律规定的起诉期限，于 2007 年 4 月 3 日以（2006）宁行终字第 32—3 号行政裁定书裁定：撤销城东区法院（2006）东行初字第 8 号行政裁定书；指令城东区法院继续审理。本院受理后，依法进行了审理，于 2007 年 6 月 18 日以（2007）东行初字第 5 号行政判决书判决：撤销城东区乐家湾镇人民政府于 1998 年 1 月 21 日向自诉人孙洁、第三人田晶晶颁发的“十乡婚字（98）第 03 号《离婚证》”。宣判后，被告城东区乐家湾镇人民政府不服判决提起上诉，西宁市中级人民法院于 2007 年 8 月 16 日以（2007）宁行终字第 28 号行政判决书判决：驳回被告上诉，维持原判。据此，本院（2007）东行初字第 5 号行政判决书已发生法律效力。

上述事实有下列证据证明：

1. 东关大街办事处颁发的“字第 920187 号《结婚证》”证实自诉人孙洁与被告人田晶晶于 1992 年 12 月 22 日登记结婚的事实；

2. 证人陈云海、李永红、刘英、马得山、孟秀英、张红的证言证实自诉人孙洁与被告人田晶晶在一起共同生活时间的事实；

3. 证人王敬、姜敬湖的证言及《职工按成本价购买铁路公有住房申请表》、《兰州铁路局按成本价出售公有住房买卖协议书》、《职工住房补贴申请审批表》，证实自诉人孙洁在其单位购房时明确以“离异”的身份进行购房的事实；

4. 已发生法律效力的西宁市城东区人民法院（2007）东行初字第5号行政判决书，证实1998年1月21日城东区十里铺乡人民政府向自诉人孙洁、被告人田晶晶颁发的“十乡婚字（98）第03号《离婚证》”，因城东区乐家湾镇人民政府不能举证，经行政诉讼后依法判决撤销了该《离婚证》的事实。

5. “东民婚字第1521号《结婚证》”，证实被告人田晶晶与李荣娟登记结婚的事实。上述证据材料来源合法有效，足以认定。

上述证据系侦查机关依照法定程序收集，由公诉人当庭举证。以上证据均经庭审质证、查证属实，一审法院予以确认。

三、法院判案理由

青海省西宁市城东区人民法院经审理认为：

重婚罪在主观方面表现为直接故意，即明知他人有配偶而与之结婚或自己有配偶而故意与他人结婚。自诉人孙洁现以被告人田晶晶与其在未解除婚姻关系的情况下又与他人结婚为由诉被告人田晶晶构成重婚罪，但在2002年12月4日，自诉人孙洁即以“离异”的身份在其单位青藏铁路公司西宁客运段申请住房，并在《职工按成本价购买铁路公有住房申请表》、《兰州铁路局按成本价出售公有住房买卖协议书》及此后的《职工住房补贴申请审批表》婚姻状况一栏里明确填写“离婚”或“离异”二字，享受单身职工在单位住房上的相关待遇。该情节在法庭审理过程中已被以上相关证据所证实。在此，足以说明自诉人孙洁对其与被告人田晶晶已于1998年1月21日在城东区乐家湾镇人民政府领取《离婚证》之事实是明知的，故其以被告人田晶晶行为构成重婚犯罪为由向法院起诉显然自相矛盾。城东区乐家湾镇人民政府向自诉人孙洁、被告人田晶晶颁发《离婚证》的具体行政行为在被撤销前具有恒定的法律效力，此后该具体行政行为的被撤销是因为城东区乐家湾镇人民政府丢失档案不能举证所致，而非因被告人田晶晶个人行为所引起的被撤销，故该行政行为被撤销的法律后果不应由被告人田晶晶承担。被告人田晶晶依据未撤销前尚具有法律效力的《离婚证》与被告人李荣娟登记结婚之行为不具备构成重婚罪的实质要件。被告人李荣娟在被告人田晶晶持有《离婚证》的前提下与之登记结婚，无主观重婚犯罪的故意及客观重婚的行为，即亦不具备构成重婚罪的实质要件。据此，自诉人孙洁指控被告人田晶晶、李荣娟犯重婚罪罪名不成立。本院对自诉人孙洁追究二被告人刑事责任之诉求不予支持，应宣告被告人田晶晶、李荣娟无罪。关于自诉人孙洁要求二被告人赔偿其经济损失之诉求，因不符合本案附带民事诉讼的受诉范围，且无相关证据证明，本院已告知可另案起诉。其委托代理人蒋勃所持代理意见不能成立，本院不予采信。被告人田晶晶、李荣娟关于其行为不构成重婚罪的辩解意见和辩护人赵永智的辩护意见与审理查明的事实相符，本院予以采信。

四、法院判决结果

青海省西宁市城东区人民法院根据上述认定的事实、证据和判案理由，依照《中华人民共和国刑事诉讼法》第一百六十二条第（二）项之规定，判决如下：

被告人田晶晶无罪。

被告人李荣娟无罪。

辨法析理

《中华人民共和国刑法》第二百五十八条规定“有配偶

而重婚的，或者明知他人有配偶而与之结婚的，处2年以下有期徒刑或者拘役”。重婚罪在主观方面表现为直接故意，即明知他人有配偶而与之结婚或自己有配偶而故意与他人结婚。本案被告人田晶晶依据未撤销前尚具有法律效力的《离婚证》与被告人李荣娟登记结婚，而被告人李荣娟在被告人田晶晶持有《离婚证》的前提下与之登记结婚，双方均无主观上的故意，此后颁发《离婚证》的该具体行政行为被撤销是因为西宁市城东区乐家湾镇人民政府丢失档案不能举证所致，而非因被告人田晶晶个人行为所引起的被撤销，故该行政行为被撤销的法律后果不应由被告人田晶晶承担。被告人田晶晶与被告人李荣娟登记结婚之行为不具备构成重婚罪的实质要件。据此，自诉人孙洁指控被告人田晶晶、李荣娟犯重婚罪罪名不成立。

编写人：青海省西宁市城东区人民法院　李勇　张海英

六、王锁柱诉葛爽等婚约财产纠纷案

原告名称：王锁柱

被告名称：葛　爽

被告名称：葛万义

一、诉辩主张

（一）原告王锁柱诉称：

我与被告葛爽于 2005 年 12 月 28 日按民俗订婚，经介绍人手我家给被告葛爽父亲葛万义过彩礼款 45000 元，葛万义亲自数完彩礼款认为无误后收了起来。2006 年 1 月 28 日我与被告葛爽按民俗举行“婚礼”，婚礼后的第 16 天葛爽便下落不明，经多方寻找至今杳无音信。我与被告葛爽用于婚事购物等共花去 7000 元，尚有 38000 元彩礼款在二被告处。经我多次与被告葛万义协商要求他返还剩余彩礼款未果，故我诉讼本院，要求二被告返还彩礼款 38000 元。

（二）被告葛爽经本院合法传唤未到庭答辩。

（三）被告葛万义辩称：

原告与我女儿葛爽订婚时过彩礼 45000 元是事实，我亲自数的钱收的钱。原告与我女儿葛爽用于“结婚”购物等花去 1 万多元，剩余彩礼款我全部交给了葛爽带回婆家过日子用，在我处没有一分钱彩礼款，我没有义务返还彩礼款，原告应向葛爽主张权利。

二、法院认定事实

黑龙江省依兰县人民法院经公开审理查明：原告王锁柱与被告葛爽于 2005 年 12 月 28 日按民俗订婚，订婚时被告葛爽父亲葛万义向原告王锁柱家提出索要 45000 元彩礼要求，原告家同意这个要求。经介绍人手给被告葛万义过彩礼 45000 元，葛万义亲自清点了彩礼款认为无误并收了起来。二被告用于婚礼购物等用去彩礼款 15000 元，尚有 30000 元在被告处。被告葛爽与原告王锁柱同居 16 天后便下落不明，经原告多方寻找至今音信皆无。在此期间原告多次与被告葛万义协商返还彩礼未果，葛万义以该彩礼款已由其女儿葛爽在回门时全部带回婆家为由拒绝返还，故原告王锁柱诉讼来院，要求被告葛爽、葛万义返还彩礼 38000 元。

上述事实有被告葛万义的自认为凭，无须原告举证。

三、法院判案理由

黑龙江省依兰县人民法院根据上述事实和证据行为：禁止婚姻当事人借婚姻索取财物。未婚男女双方由其父母主持，并由男方家长向女方家长交付聘礼（彩礼），是地方的一种民俗。男方家长交付给女方家长的彩礼是以儿女结婚为目的。被告葛爽在与原告王锁柱订婚时，被告葛爽的父亲葛万义向原告家长索要数额巨大彩礼款是违反善良风俗，是错误的。二被告用于婚礼购物等用去彩礼款 15000 元，尚有 30000 元彩礼在二被告处。被告葛爽在与原告同居 16 天后便下落不明至今，其行为属于单方解除婚约，按当地民俗，提出解除婚约的女方家应当返还彩礼。庭审时因被告葛爽未到庭参加诉讼，被告葛万义不承认彩礼款现存在他处，而把责任全部推到其女儿葛爽身上，葛万义没有充分证据证明他把 30000 元彩礼款全部交给其女儿葛爽，可认定葛万义处存在彩礼款的事实，葛万义是该笔彩礼占有人和使用人，他有义务返还彩礼。故原告要求被告葛爽、葛万义返还彩礼的主张，本院予以支持。

四、法院判决结果

黑龙江省依兰县人民法院依照《中华人民共和国婚姻法》第三条，《最高人民法院关于适用〈中华人民共和国婚姻法〉若干问题解释（二）》第一百一十条第一款第一项，《中华人民共和国民事诉讼法》第六十四条、第一百三十一条之规定，作出如下判决：

被告葛爽、葛万义于本判决生效后十日内返还原告王锁柱彩礼款30000元。

案件受理费1210元、公告费610元由二被告负担。

辨法析理

笔者通过多年的民事审判工作经验，初步得出以下认识：在民事裁判中，既不能无视风俗习惯的存在，也不能简单地照搬照用，而应当在不违反现行法律规定的前提下参考习俗，以有利于被公众信服为目的，妥当裁量。订婚给付彩礼在黑龙江大地自古流传至今。男女在订婚时，各举媒证，彼此面议聘金，每逢年节，要“送节”。早些年，受民俗习惯的约束，订婚成为结婚的必要条件，男女双方遵守婚约，订婚之后很少有反悔的。订婚给付彩礼这一习惯一直延续。随着人们的观念的改变，农村经济的发展，农民生活水平的提高，婚约这一古老而善良的风俗变成了一些人一夜暴富的发财手段。

早期民间男女双方的婚约彩礼只是保证婚姻成功的一种保证金，数额较小，如男方悔婚，聘礼女方家不予返还；如女方悔婚，则聘礼全额返还。在审判实践中，根据当地生活水平标准，在农村经济比较发达的黑龙江农村，聘礼在3000~5000元之间可视为男方家向女方家的赠与行为，如男方起诉则判决驳回起诉。

笔者就婚约彩礼案件作了一项统计，仅2003年至2007年，地处龙东三江平原西部的依兰县发生婚约彩礼返还纠纷诉讼的就有118件。此类案件有这样几个特征：1. 彩礼金额与当地农民收入成正比。2003年为3万元，2004年为

4 万元，2005 年为 6 万元，2007 年为 8 万～12 万元之间；2. 与男方家承受能力成反比，每户农民积攒几十年也不够彩礼款，只能举债；3. 闪电结婚现象严重。从订婚到成婚平均不到 80 天；4. 漠视感情，闪电分手。以女方提出解除婚约为主；5. 此类案件处理不当会激化矛盾，民转刑案件发生多起。

本案只是这些案件中的一个缩影，本案虽然案情简单不复杂，但在适用法律方面存在很大争议：

（一）女方家收取男方家聘礼款，是否是赠与行为。

早期男女双方婚约交付的聘礼数额很小，只占男方家年收入的很小一部分，是男方家委托媒人主动交付给女方家，如女方家接受聘礼则表示同意这门婚事。从主动与被动关系看，男方家主动，这种行为符合赠与行为的构成要件。而当今社会随着市场经济的发展，婚约聘礼这一古老而善良风俗变味了，成为一些人一夜暴富的手段，女方所收取的彩礼是男方家一辈子积累所不及的。现在依兰县农村有儿子的农户谈“婚”色变，彩礼款像一座大山压在他们头上，儿子成家，老子无家，一家欢喜几家愁，生儿不如生女好，生女不用备嫁妆，生女能致富，生女不愁嫁。高额的聘礼收取绝不是赠与行为，是借婚姻索取财物的行为，是不当得利行为，是违法的。

（二）女方父母能否成被告的主体?

关于能否列女方父母为被告始终是有争议的问题，以往的审判不允许列女方父母为被告人，原因是男女双方按民俗举行了婚礼，是一种同居关系，有些审判人员习惯于将此类纠纷定义为同居期间财产纠纷，不管同居时间长短一律视为同居期间财产纠纷，笔者认为这样使用案由是不正确的，如果这样定案由则无法将女方父母列为当事人。按当地风俗，女方所收取的彩礼款均是由女方父母占有使用，如男女双方婚姻牢固，则女方父母才把彩礼款交还给男方家。如果是短暂的婚姻则彩礼款仍然掌握在女方父母手中。从最近几年的审判实践来看，不列女方父母为当事人的案件，判决生效后无法执行，因彩礼款在女方父母手中，而他们不是被执行义务主体。在诉讼中，婚约中的女方大多数不愿到庭参加诉讼，一经男方诉讼，女方则逃之夭夭。男方虽然赢得胜诉，但无法得到执行兑现。在这种情况下就极易发生男方报复女方，有时还会发生凶杀惨案。这样的判决绝不是公正、合理的。是在偏袒无赖，对弱势的男方家是不公道的，不利于构成社会主义和谐的新农村建设，不利于农村稳定，也不利于移风易俗。因此列女方父母为被告主体，并承担返还彩礼义务是正确的，能够真正实现法律效果与社会效果的有机统一。

编写人：黑龙江省依兰县人民法院　曹风学

七、刘三福诉郑候女离婚纠纷案

原告名称：刘三福

被告名称：郑候女

一、诉辩主张

原告刘三福诉称：

我与被告郑候女经人介绍于 1988 年相识，1989 年 12 月 18 日登记结婚。婚后夫妻感情尚好，生有一子刘峰，现年 17 岁，另生一女在四岁时身故。1994 年农历 7 月 15 日，被告郑候女没有和任何亲属打招呼便离家出走。这十多年来，我和被告的亲属多方寻找被告，但至今下落不明。被告的出走给我的家庭和生活造成了很多不利的影响，为了维护我的合法权益，解除有名无实的婚姻，故提起诉讼，请求依法判令与被告离婚，所生一子由我抚养，并承担抚养费，现有家庭财产归我所有。被告郑候女未答辩。

二、法院认定事实

榆林市榆阳区人民法院经公开审理查明：原告刘三福与被告郑候女经人介绍于 1989 年 12 月 18 日登记结婚。婚后原、被告夫妻感情尚好，于 1990 年 7 月 5 日生一子刘峰，现随原告生活，原、被告另生有一女已夭折。1994 年农历 7 月 15 日，被告郑候女离家出走，原告刘三福多次寻找未果，故提起诉讼，请求依法判令与被告郑候女离婚，所生一子由原告抚养，抚养费用由其自行承担，家庭财产归原告所有。本院受理后，因被告无下落，经公告送达起诉状副本及开庭传票，但被告郑候女未到庭参加诉讼，本院依法缺席进行了审理。

三、法院判案理由

榆林市榆阳区人民法院根据上述事实和证据认为：原告刘三福与被告郑候女经人介绍相识后登记结婚，婚后夫妻感情尚好，并生育有一子，被告郑候女于1994年离家后，原告多方寻找无音讯，现原告以被告无下落为由提起诉讼，要求与被告离婚，由于被告郑候女未经法定程序宣告失踪，故原告要求离婚的理由不符合法律准予离婚的条件，其诉请依法不予支持。

四、法院判决结果

为了维护家庭和社会的稳定，保护当事人的合法权益，依照《中华人民共和国婚姻法》第三十二条之规定，判决如下：

不准原告刘三福与被告郑候女离婚。

案件受理费50元，其他诉讼费550元，共计600元，由原告刘三福承担。

辨法析理

对于受送达人下落不明或者用其他方法无法直接送达的，公告送达。自发出公告之日起，经过六十日即视为送达。公告送达期满后，被告无故不到庭的，缺席判决。

编写人：陕西省榆林市榆阳区人民法院　申飞飞

八、罗红君诉吕朋云离婚纠纷案

原告名称：罗红君

被告名称：吕朋云

一、诉辩主张

（一）原告罗红君诉称：原、被告于1990年6月23日在黑龙江省海林市民政局婚姻登记处申请结婚，家安置在黑龙江省穆棱市八面通镇中山村，原、被告婚前生育一男孩吕润亚（1989年1月14日出生）。1995年12月被告离家出走，至今下落不明，原、被告分居长达12年之久。现原告要求与被告离婚，婚生子女由原告抚养，诉讼费由原告承担。

（二）被告吕朋云未提供任何书面答辩意见和证据。

二、法院认定事实

穆棱市人民法院经公开审理查明：原告罗红君与被告吕朋云于1988年未办理婚姻登记手续即以夫妻名义同居生活。1989年1月14日生育长子吕润亚，1990年6月23日经双方申请在黑龙江省海林市横道镇人民政府办理婚姻登记，结婚证字号：1331号。婚后家安置在黑龙江省穆棱市八面通镇中山村。被告吕朋云于1995年12月离家出走，至今下落不明。现原告以夫妻感情破裂为由要求离婚，婚生长子吕润亚与原告共同生活，子女抚育费原告自行负担，案件受理费原告自愿负担。上述事实有下列证据证明：

（一）2007年8月11日黑龙江省海林市民政局婚姻登记处出具的婚姻登记记录证明一份，证明原、被告于1990年6月23日经海林市横道镇人民政府登记结婚，结婚证字号为：1331号。原、被告系夫妻关系。

（二）2007 年 8 月 16 日穆棱市友谊社区居民委员会出具证明一份，证明被告吕朋云于 1995 年 12 月份离家出走，至今下落不明。下落不明前居住在穆棱市八面通镇中山村。

（三）2007 年 8 月 16 日穆棱市公安局八面通镇第二公安派出所出具的说明一份，证明 2000 年 3 月 1 日包片民警孙德龙在入户核查人口时，没有登记到吕朋云的情况，其已不在中山村居住。

三、法院判案理由

穆棱市人民法院根据上述事实和证据认为：

原告罗红君与被告吕朋云已确立合法的夫妻关系，且生育有子女，应珍惜生活，同甘共苦。被告吕朋云离家出走，原因不明，至今下落不明多年，严重地伤害了夫妻感情，对确已破裂的夫妻感情，一方要求解除，本院应当准予。因被告吕朋云下落不明，婚生长子吕润亚只能随原告罗红君共同生活，抚育费由原告处理。

四、法院判决结果

依照《中华人民共和国民事诉讼法》第一百三十条："被告经传票传唤，无正当理由拒不到庭的，或者未经法庭许可中途退庭的，可以缺席判决。"《中华人民共和国婚姻法》第三十二条第三款第五项："有下列情形之一，调解无效的，应准予离婚：（五）其他导致夫妻感情破裂的情形。"《最高人民法院〈关于人民法院审理离婚案件如何认定夫妻感情确已破裂〉的若干具体意见》："凡属下列情形之一的，视为夫妻感情确已破裂。一方坚决要求离婚，经调解无效，可依法判决准予离婚。一方下落不明满二年，对方起诉离婚，经公告查找确无下落的"规定，判决如下：

1. 原告罗红君与被告吕朋云离婚；

2. 原、被告婚生长子吕润亚随原告罗红君共同生活，子女抚育费暂由原告罗红君自行负担。

案件受理费50元，公告费268.30元，合计318.30元，由原告罗红君负担。

辨法析理

（一）本案是一起公告离婚案件，公告离婚案件是指一方当事人外出下落不明，另一方当事人诉讼至法院要求离婚，法院经过立案审查发现外出当事人下落不明满两年，通过公告方式送达起诉状副本及相关法律文书，公告期满后，下落不明当事人仍未到庭参加诉讼，法院缺席审理并作出准予或不准离婚的案件。自我国改革开放以来，社会生产力得到全面解放，特别是广大农民纷纷外出务工，人口流动日益频繁，加之我国户籍和人口管理制度已不适应新形势的需要，婚姻当事人外出后多年（至少二年以上）下落不明，导致婚姻生活名存实亡，一方当事人不得不到法院诉讼离婚。这便是公告离婚案件日趋攀升的根本原因所在。

（二）外出一方当事人“下落不明”的判定依据

公告离婚案件最基本的特征就是外出一方当事人下落不明。婚姻一方当事人提出公告离婚时必须提供外出方当事人下落不明满两年的有效证明材料。审判实践中，主张离婚的一方当事人向法院提供的对方当事人下落不明的证明材料多种多样：有的向法院提供村组证明，有的提供乡（镇）政府证明，有的提供当地派出所证明，等等。笔者认为，我国目前的户籍和人口是由公安机关（派出所）管理，当事人下落不明的证明材料应由公安机关（派出所）出具。一方婚姻当事人外出后，在经过一段时间（笔者认为以半年为宜）无音讯时，另一方婚姻当事人应及时向当地派出所报案，公安机关（派出所）通过相应手段查找后，期满两年，一方婚姻当事人仍然无音讯，另一方婚姻当事人可请求公安机关（派出所）出具婚姻对方当事人下落不明的证明。所以，公安机关（派出所）的证明才是婚姻一方当事人下落不明的唯一有效证明材料。要求离婚的一方当事人为了达到尽快离婚的目的，到村、组、乡（镇）开具的对方当事人下落不明的证明材料，法院应不予采信。

（三）公告离婚案件中对婚姻关系及外出一方当事人下落不明满两年的审查

公告离婚案件与一般离婚案件的区别在于一方当事人下落不明且只有一方当事人参加诉讼。因此，对当事人双方婚姻关系的审查尤为重要，既要严格审查双方当事人的合法登记手续即结婚证，又要严格审查双方当事人办理结婚登记的程序是否合法，是否违反法律法规规定（特别是《婚姻登记管理条例》的相关规定），以确定双方婚姻关系是否合法有效。

公告离婚案件中，公告的前提是一方当事人“下落不明满两年”。在审判实践中，主张离婚一方当事人有可能为了达到离婚目的，在对方当事人外出不到两年，或者对方当事人外出虽满两年但非下落不明，却隐瞒实情，而谎称对方当事人“下落不明满两年”起诉要求离婚。所以，法院在受理公告离婚案件时，一定要对一方当事人是否下落不明满两年进行严格审查——即被告必须是外出下落不明，且下落不明已满两年。

编写人：黑龙江省穆棱市人民法院民一庭　李丽霞

九、姜忠孝诉聂春玲离婚纠纷案

原告名称：姜忠孝

被告名称：聂春玲

一、诉辩主张

原告姜忠孝诉称：我与被告于2004年7月21日登记结婚，我们均系再婚，婚后未生育子女。我与被告因性格不合，经常有矛盾，导致夫妻感情已彻底破裂，无法在一起生活，为此特提起诉讼，请求与被告离婚。我的婚前财产有：收割机一台、母猪12头、牡丹牌彩色电视机一台、小粉碎机一台、大缸两口；被告婚前财产有：四轮车一台及全套农机具、摩托车一台、彩色电视机一台、冰箱一台、冰柜一台；我们共同生活期间的财产有：电磁炉一个、电饭锅一个、母猪一头，在被告处有2005年土地收益74000元。2007年我们共同耕种了3垧土地。我们共同生活期间有债务：欠姜丽君土地承包费7290元，欠姜丽敏3000元，欠姜丽君借款6500元，欠米面、油款1100元。我要求财产共同分割，债务共同清偿。

被告聂春玲辩称：原告起诉离婚我同意，但原告所诉的财产情况不属实。原告婚前无任何财产，这有我与原告的婚前公证书为证。买收割机的钱是用我的婚前个人存款39699元，又借了10000元买的，这台东风120收割机是我的婚前财产。另外我还借给原告22000元钱用于装修房子、养猪和供原告的孩子上学，此款原告应还我。共同生活期间2005年的土地收益都用于还种子、化肥、农药款了。另外我们共同生活期间2006年种地收益50000元均在原告处，我要求分割25000元。对于原告所诉欠姜丽君6500元、欠姜丽敏3000元，我不清楚，即使存在此笔债务，原告是给其成年子女上学用，我没有这义务。原告主张欠姜丽君 2005 年土地承包费 7290 元，此地是我替姜丽君要回来的，她答应这地白让我种，我们也没有商量地的价格，故此款我不能偿还。我们共同生活期间欠杨忠影 600 元、欠李敏 600 元、欠韩兴旺 700 元、欠高喜武2000元，这些钱应由原告负责清偿。另外我还要求原告给我 30000 元钱，这是原告孩子上三年大学的钱。另外，我给姜丽君打官司支出 720 元，我亲属随礼给原告 1200 元，这些钱原告应返还给我。

二、法院认定事实

集贤县人民法院经公开审理查明：原、被告于 2004 年 7 月 21 日登记结婚，原、被告均系再婚，婚后未生育子女。结婚时原告有五名子女：长女姜微、次女姜曼、三女姜珊、四女姜冰、长子姜兴武。被告有两名子女，长子聂家国、长女聂潘。结婚时姜微在大学读书。原、被告所有子女现均具有独立生活能力，现原告以性格不合，经常有矛盾，夫妻感情已完全破裂为由起诉要求与被告离婚，被告答辩亦同意离婚，说明原、被告夫妻感情已完全破裂。原、被告结婚时签订婚前财产公证书一份，内容为“经人介绍聂春玲、姜忠孝自愿结为夫妻，符合中华人民共和国婚姻法，为使两家财产今后不引起纠纷，双方自愿协议公证如下：女方聂春玲婚前家产：二十四马力凯马富施一台及全套农机具、银钢摩托一台、19 英寸海信电视机一台、华美冰柜一台、航天冰箱一台，其他养殖业均归女方。男方：婚前没有任何产物只身一人。此协议双方婚前自愿办理，中间人为证，经双方签字后具有法律效力，此协议三份，男方、女方及证人各一份。2004 年 2 月 6 日。”结婚时原告的婚前财产有：小粉碎机一台、牡丹彩色电视机一台、大缸两口，原告婚前饲养母猪十二头，但此猪在原、被告结婚后用被告玉米喂养，且此猪出卖所得款用于共同生活。原告在婚前有一台叶尼塞收割机，2004 年 7 月 10 日左右，被告与原告去江川农场，原告将该车卖与江川农场郑老五，卖车得款40000元。被告婚前财产有四轮车一台及全套农具、摩托车一台、19英寸彩色电视机一台、冰箱一台、冰柜一台，被告于2004年9月4日在邮政储蓄存款39700元，于2004年9月6日取出39699元。原、被告共同生活期间于2004年9月7日花50000元钱在徐晓鸥处购买东风120牌收割机一台，此款当时由被告支付。原、被告共同生活期间有财产：电磁炉一台、电饭锅一台、饲养母猪一头。在开庭时，原、被告议定价为800元。原、被告2007年耕种了3垧土地，在开庭审理时，原、被告议定该地由被告经营管理和收益，由被告给付原告该地收益折价款2000元。共同生活期间2005年原、被告种地所需种子、化肥、农药均由被告赊购，种地所卖粮款均由被告收取。2006年原、被告种地所需种子、化肥、农药均由原告赊购，种地所卖款均由原告收取。原告对其主张2005年卖粮的款84300元在被告处和被告所主张2006年卖粮得款43000元在原告处均未举证。在开庭审理时，原、被告对现有东风120联合收割机议定价为24000元。2005年原、被告耕种了姜丽君2.4垧土地，但对承包费未予以约定。原告主张共同生活期间在其妹妹姜丽君处借款6500元、姜丽敏处借款3000元，此款用于其女姜微上学，但被告对此予以否认。原告对其所主张2005—2006年共同生活期间赊欠的米、面、油款1100元未举证。原、被告共同生活期间欠韩兴旺700元，被告主张共同生活期间欠李敏600元有王海金当庭证实，欠高喜武2000元有高喜武当庭证实，对于被告主张共同生活期间欠杨忠影600元未举证。

三、法院判案理由

集贤县人民法院根据上述事实和证据认为：原、被告婚后未注重对夫妻感情的培养，原告起诉要求与被告离婚，被告亦同意离婚，说明原、被告夫妻感情已完全破裂，故原告起诉要求与被告离婚的诉讼请求应予支持。原、被告婚后未生育子女，且各自所有子女均已成年，双方对此均无争执。原、被告婚前财产应各自所有，但原告婚前所饲养的母猪，婚后出卖得款用于婚后共同生活，和被告所主张有 22000 元存款用于婚后共同生活，此款因已用于婚后共同生活，故对双方要求返还此款的请求均不予支持。因原、被告所购东风 120 联合收割机是在双方婚姻关系期间所购，且此款系被告 2004 年 9 月 4 日存入，2004 年 9 月 6 日取出 39699 元，是夫妻关系存续期间，此联合收割机应视为夫妻共同财产，故原、被告应共同分割对于原告所主张婚前 2004 年 7 月 10 日所卖叶尼塞收割机，虽有证人证实得款 40000 元，但有 2004 年 2 月 6 日原、被告所签“婚前财产公证书”，公证原告婚前无任何产物，且原告并未举出充分证据证明婚后所购东风 120 联合收割机是其出款，故对此主张不予支持。对原告所主张 2005 年种地收益在被告处，被告所主张 2006 年种地收益在原告处，因存在种子、化肥、农药均系赊购，且在举证期限内又未举证，故应以 2005 年种地所赊购种子、化肥、农药的欠款由被告清偿，收益归被告所有。2006 年种地所赊购种子、化肥、农药的欠款由原告清偿，收益归原告所有为宜，对原、被告要求对方返还种地收益的主张均不予支持。对于原告所主张共同生活期间因姜微上学在姜丽君处借款 6500 元、在姜丽敏处借款3000元，因姜微已成年，不属法定抚养范畴，且在借款时未征得被告同意，故此借款应属原告个人外债，对原告要求共同清偿的诉讼请求不予支持。原、被告 2005 年耕种姜丽君的土地，虽是事实，但对该土地价格未予以明确约定，故此纠纷不属本案处理范围，姜丽君应以原、被告为被告另行诉讼。对于原告所主张 2005 年至 2006 年赊欠米、面款 1100 元因未举证，故不予支持；对被告所主张共同生活期间欠李敏 450 元、欠高喜武 2000 元有证人出庭作证，应予支持。欠韩兴旺 700 元原告对此认可应予支持。对原告所主张共同生活期间欠杨忠影 600 元因未举证，故不予支持。对于被告所主张其亲属为原告子女随礼要求原告返还和原告子女上学三年，返给其30000元的诉讼请求于法无据，故不予支持。对被告所主张姜丽君欠其打官司钱720元，此债权应与2005年原、被告耕种姜丽君土地纠纷一并处理，本案不予支持。考虑联合收割机及共同生活期间所饲养母猪一头、电磁炉一台、电饭锅一台均在被告处，故应以上述财产归被告所有，外债由被告清偿，由被告返给原告财产折价款为宜。原、被告在开庭审理时就2007年所耕种3垧土地，双方已达成一致意见，收益归被告所有，由其给付原告收益折价款人民币2000元，此协议不违反法律规定应予支持。

四、法院判决结果

集贤县人民法院依照《中华人民共和国婚姻法》第三十二条、第三十九条、第四十一条之规定，判决如下：

（一）原告姜忠孝与被告聂春玲离婚；

（二）牡丹彩色电视机一台、小粉碎机一台、大缸两口及原告个人衣物归原告所有；四轮车一台及全套农具、摩托车一台、19英寸彩色电视机一台、冰箱一台、冰柜一台、电磁炉一个（价值700元）、电饭锅一个（价值100元）、母猪一头（价值800元）、东风120联合收割机一台（价值24000元）及被告个人衣物归被告所有；2006年原、被告种地收益归原告所有，种地所负债务由原告负责清偿；2005年原、被告种地收益归被告所有，种地所负债务由被告负责清偿；2007年原、被告所耕种的3垧土地收益归被告所有，种地所负债务由被告负责清偿，由被告返给原告种地收益折价款2000元；

（三）共同生活期间债务欠李敏450元、欠高喜武2000元、欠韩兴旺700元，由被告负责清偿；原告所主张债务欠姜丽君6500元、欠姜丽敏3000元，由原告负责清偿；

（四）以上第二项、第三项合计被告应返给原告财产折价款人民币13225元，此款待本判决生效后三日内执行完毕。

案件受理费300元，原、被告各负担150元。

辨法析理

夫妻在财产关系上有意见分歧本属正常，但纷争如果长期得不到解决则无论是对婚姻家庭还是对社会正常运转均会产生负面影响。特别是居民的收入、分配、财产收入距离拉开的今天，夫妻财产纠纷数量激增、情况复杂、处理难度大，已成法律亟待解决的问题。本案中涉及一种夫妻财产纠纷之争即为共同生活期间消耗个人财产要求返还之争，是离婚案件财产分割比较普遍存在的一种类型。婚姻关系一方在一定期间为家庭共同生活需要，将婚前或个人财产投入日常消费，如果当事人无后期财产积累倒也简单，但实际生活中，常常发生经过双方共同努力，共同财产有很大积累，分割共同财产时，当初付出涉及个人财产一方要求对应得分割份额中扣除当初支付部分引发争议。对于该类离婚案件应如何把握，根据司法解释，婚前个人财产在婚后共同生活中自然毁损、消耗灭失的，离婚一方要求以夫妻共同财产抵偿的应不予支持为宜。

编写人：黑龙江省集贤县人民法院　卢秉臣

十、黄纯诉麦氏月梅解除同居关系纠纷案

原告（被上诉人）名称：麦氏月梅

被告（上诉人）名称：黄　纯

一审情况

一、一审诉辩主张

原告麦氏月梅诉称：原、被告于1989年经人介绍认识，双方确立了恋爱关系，同年以夫妻名义共同生活。1990年5月生育儿子黄璋锦，1998年4月10日生育小儿子黄洵锦。原、被告双方共同形成事实婚姻后，被告的大男人主义作风逐渐显露，对原告进行殴打、辱骂成家常便饭，原告多次受伤并到医院就治。现双方夫妻感情已彻底破裂，婚姻关系无法维持下去，原告诉请人民法院判令：1. 原告与被告离婚；2. 婚生子黄璋锦、黄洵锦由原、被告各抚养一个；3. 夫妻共同财产（位于东兴市北仑大道234号房屋、北仑大道261号房屋、防城区防城镇振兴西路21号房屋、桂P20267蓝鸟小汽车一辆）按照顾女方，无过错的原则分割；4. 被告承担本案的诉讼费用。

原告对其主张在举证期限内提供的证据有：1. 原告的户籍（常住人口登记卡），证明原告起诉主体资格；2. 被告的户口簿，证明原、被告是夫妻关系，形成事实婚姻；3. 防城区第一人民医院病历，证明被告殴打原告的事实；4. 诊断证明书；5. 门诊收据，与证据4证明被告实施家庭暴力的事实；

6. 东房权证东兴镇字第010204号；7. 国有土地使用证申请登记表，与证据6证明位于东兴市东兴镇北仑大道234号房屋产权为原、被告共同共有；8. 房屋他项权证存根（东兴房东兴镇地字第2001—118号），证明东兴市东兴镇北仑大道261号房屋已抵押给中国工商银行贷款30万元，该款为原、被告共同债务；9. 本案第一次开庭时，被告对原告的主体资格提出异议，原告庭后补充了证据9：原告的身份证、户口簿的复印件、译文及中国驻越南大使馆的认证书，证明原告是越南国籍人。

被告黄纯答辩称，原告是越南人，通过非法入境于1993年非法办理中国户口，被告与原告是非法同居关系，不存在合法的婚姻关系。被告殴打原告是事出有因，原告不顾家庭且有赌博恶习屡劝不听，没有尽义务，家庭财产中，位于防城区振兴路的房屋是与被告同居前建的。因原、被告的同居关系不受法律保护，请法院驳回原告的诉讼请求。

被告提供的证据有：1. 离婚证书及译文，证明原、被告就婚姻关系、子女抚养问题及财产处置问题进行过协商；2. 学杂费收据，证明儿子黄璋锦、黄洵锦的学费由被告负担；3. 借条，证明被告于2005年7月13日向张朝森借款13万元、2005年5月5日向黄厚福借款12万元、2005年3月3日向黄德汉借款5万元、2005年2月26日向黄品和借款8万元、2005年3月27日向黄福铨借款25万元；4. 预支工程款凭条，证明被告为建造东兴镇北仑大道261号房屋于2005年期间预支了部分工程款及材料款；5. 照片三张，证明原告与他人在越南结婚及原告在越南开设网吧一间；6. 机动车行驶证一份，证明被告于2003年8月购买了桂P20267号蓝鸟小车一辆；7. 防城各族自治县建筑许可证一份［（88）城建字第336号］，证明被告于1988年在防城区防城镇振兴西路21号建造房屋一幢。

原告向一审申请鉴定，一审委托防城港市价格认证中心对原、被告现有的小车、房产进行价格鉴定，其中桂P20267号蓝鸟小车价值 149100 元，东兴市北仑大道 234 号房地产价值 1369666 元，东兴市北仑大道 261 号房地产价值 1472132 元，其中土地及一至三层价值为 1178303 元，防城区防城镇振兴西路 21 号房地产价值为 233478 元。

经过开庭质证，原告对被告提供的证据 1、2、6、7 的真实性无异议，但对证据 1，认为是原、被告双方就婚姻问题进行过协商，因无原告签字认可，该协议无法律效力；对证据 2，认为两个儿子的学杂费虽然都是被告支付，但实际是以房屋租金支出，都是属于家庭共同收入支付，不能认定为被告个人支出；对证据 3，认为借条都是被告为多分财产伪造的，且无出借人佐证，不应认可；对证据 4，认为也是被告单方面所为，无其他证据予以佐证，亦不予认可；对证据 5 中的月梅网吧，是原告父母经营，由原告管理的，非原告的财产。对婚礼照片，是原告参加朋友的婚礼照片，非原告在越南与他人结婚。原告对本院委托防城港市价格认证中心作出的价格鉴定无异议。

被告对原告提供的证据 2、6、7、8、9 的真实性无异议，对证据 1 认为原告不属于中国人，其户口已被公安机关取消；证据 3、4、5，认为均是原告自己去办理。被告不知情。被告对本院委托防城港市价格认证中心作出的价格鉴定不认可，但不申请复议或重新鉴定。

二、一审法院认定事实

对原告提供的证据 2、6、7、8、9，被告提供的证据 1、2、6、7 的真实性，双方均无异议，本院对上述当事人均无异议的证据予以认定。对原告提供被告提出异议的证据 1，因原告第二次庭审后补充提供了证据 9，证实了原告越南人身份，并以麦氏月梅的身份重新参加诉讼，且我国不认可双重国籍，因此证据 1 不具有合法性，本院不予采纳。原告提供证据 3、4、5，是原告到医院就诊的正规病历，收费依据，且被告庭上也承认多次殴打原告，此证据与被告的自认相吻合，此证据可作为被告实施暴力的证据使用。对被告提供的原告提出异议的证据3，该借款原告不予认可，且无其他证据证实是原、被告同居期间所借，不予采信。证据4为印复件，无其他证据佐证，不予采信。证据5证明的事实无其他证据佐证，不能认定月梅网吧为原告所有及原告在越南与他人结婚的事实，不予采信。

原告于1989年经人介绍与被告认识，双方确立恋爱关系，同年以夫妻名义共同生活。1990年生育小孩黄璋锦，1998年4月10日生育另一小孩黄洵锦。双方生活期间，因生活琐事，被告多次殴打原告，原告受伤并到医院治疗。2004年阴历2月，双方正式分居，两小孩随被告生活至今。双方生活期间，建造了东兴市东兴镇北仑大道234号房屋、261号房屋一至三层，购买了牌号桂P20267蓝鸟小车一台，价值共计2697069元，其中以东兴北仑大道261号房屋作抵押向工行东兴支行贷款30万元。

三、一审法院判案理由

原告非法入境与被告未经登记、以夫妻名义共同生活，原、被告双方违反了《中国与毗邻国边民婚姻登记管理试行办法》的规定，原、被告双方没有形成婚姻关系，属非法同居关系，原告起诉请求与被告离婚，不符合《中华人民共和国婚姻法》有关离婚的规定，本院不予支持，原、被告双方非法同居关系应予以解除。对于原告诉请的子女抚养及财产分割应依照最高人民法院《关于人民法院审理未办结婚登记而以夫妻名义同居生活案件的若干意见》（以下简称《若干意见》）第8条、第9条、第10条、第11条的规定处理。

（一）关于子女抚养问题。根据《若干意见》第8条的规定："人民法院审理非法同居关系的案件，如涉及非婚生子女抚养和财产分割问题，应一并予以解决。"第9条，"解除非法同居关系时，双方所生的非婚生子女，由哪一方抚养，双方协商；协商不成时，应根据子女的利益和双方的具体情况判决……子女为限制民事行为能力人的，应征求子女本人的意见……”本案中，黄璋锦、黄洵锦一直在中国生活、学习，且原、被告分居后一直随被告生活，本院在审理过程中征求黄璋锦的意见，黄璋锦表示自愿随被告生活。原告是越南公民，在越南有住所，越南的生活习惯、民风民俗与我国有较大的差异，未成年人到越南生活可能对其生活、学习有所影响，不利于其健康成长，因此本院综合各方面因素，决定原、被告的两小孩黄璋锦、黄洵锦随被告生活，原告则需支付一定的抚养费至两个小孩成年止。

(二)关于共同财产的分割问题。《若干意见》第 10 条规定："解除非法同居关系时，同居生活期间双方共同所得的收入和购置的财产，按一般共有财产处理……”原、被告双方从 1989 年起同居至 2004 年农历 2 月止，在此期间，原、被告双方所取得的财产均为同居期间财产，按一般共有财产处理。位于防城区振兴西路 21 号房屋是被告于 1988 年建造的，属被告个人财产，不作为共同财产分割。位于东兴市北仑大道 234 号房屋、261 号土地及一至三层房屋、桂 P20267 号蓝鸟小车是双方同居期间购置财产，价值 2697069 元，应按照《若干意见》第 8 条："……具体分割财产时，应照顾妇女、儿童的利益，考虑财产的实际情况和双方的过错程度，妥善分割。”作为共同财产应平均分割，但原、被告共同生活期间，被告多次殴打原告，原告提供了相关的证据证实，被告庭审中亦自认。本院认为被告在共同生活中有过错，应少分共有财产，原、被告分割财产的比例为 6:4。但由于两小孩皆由被告抚养，原告应支付抚养费，因此本院决定从共有财产中给予被告补偿，原、被告共有财产分割比例调整为 5:5。因共有财产皆是不动产，都在中国境内，分割给原告不易管理使用，因此原、被告双方共有财产全部归被告所有，由被告补偿共有财产价值的

50%，即 1348534.5 元给原告为宜。至于被告主张原告在越南有月梅网吧一间，因被告仅提供该网吧的照片两张，无其他产权凭证，无法证明该网吧为原告所有，因此对被告要求对此网吧作为共有财产予以分割，本院不予支持。对于原、被告共同生活期间购置的其他生活资料，原告庭上表示放弃分割，本院对当事人的意愿予以尊重，其他生活资料归被告所有。

（三）关于共同债务的承担问题。依照《若干意见》第 11 条规定："解除非法同居关系时，同居期间为共同生产、生活而形成的债权、债务，可按共同债权、债务处理。"本案中，被告以位于东兴市北仑大道 261 号房产作抵押向中国工商银行东兴支行贷款 30 万元，原告予以认可，该债务是原、被告双方共同生活期间而形成的债务，属共同债务，应由原、被告平均分担，各承担 15 万元。由于原告是越南公民，为有利于债务履行，本院决定将共同债务 30 万由被告承担，原告从其所得的共同财产价值中补偿 15 万元给被告。

综上，本院认为原、被告双方解除非法同居关系后，两个小孩由被告抚养。东兴市北仑大道 234 号房屋、261 号房屋、桂 P20267 号蓝鸟小车及其他生活资料归被告所有，债务 30 万元由被告承担，被告应补偿原告 1348534.5 - 150000 = 1198534.5 元。

四、一审法院判决结果

依照最高人民法院《关于人民法院审理未办结婚登记而以夫妻名义同居生活案件的若干意见》第 7 条、第 8 条、第 9 条、第 10 条、第 11 条的规定，判决：一、解除原告麦氏月梅与被告黄纯非法同居关系；二、非婚生子黄璋锦、黄洵锦由被告黄纯抚养；三、共同财产东兴市北仑大道 243 号、261 号、桂 P20267 号蓝鸟小轿车归被告黄纯所有；四、共同债务 30 万元由被告黄纯承担；五、被告黄纯补偿给原告麦氏月梅人民币 1198534.5 元。案件受理费 27190 元，鉴定费 18000 元，合计 45190 元（原告已预交），由原告麦氏月梅承担 22595 元，被告黄纯承担 22595 元。

二审情况

一、二审诉辩主张

上诉人黄纯上诉称：1. 一审判决严重违反法定程序，驳回上诉人申请证人出庭作证的权利。上诉人于 2005 年 12 月 15 日向东兴市人民法院申请 7 人出庭作证，但法院并未准予，因而严重影响本案的公正审理。2. 东兴市北仑大道 234 号、261 号房屋、桂 P20267 号小轿车依法登记在上诉人名下，应归上诉人所有，一审判决未经登记机关按行政程序变更登记，判决上诉人的财产与被上诉人共有并分割，于法无据。被上诉人与上诉人属于一般非法同居关系，而且被上诉人是非法入境的越南“三非人员”，非法同居仅至 2004 年农历 2 月，共同生活时被上诉人很少与上诉人生活在一起。因此，上诉人用自身原始的积累、经营的收益、借债建设的房屋登记在上诉人名下归上诉人所有，如被上诉人认为对房屋应享有份额，应向登记机关提出异议，撤销原登记。法院将行政登记机关在上诉人名下的财产作为共同财产并分割于法无据。3. 一审判决适用一般共有财产的原则处理上诉人的房屋对上诉人显失公平。房屋、汽车为上诉人过去的积累及举债所建，被上诉人并没有任何的投入款项，不能仅以建房的时间来确认取得财产的时间。上诉人与被上诉人结束同居关系后所得的财产应归各自所有，上诉人借债建的房屋理应归上诉人所有。上诉人与被上诉人同居期间，被上诉人在越南经营网吧，其收入及形成的财产一直由被上诉人掌握，上诉人无法也没有控制被上诉人财产收入。期间上诉人从事边贸等生意的经营收入及上诉人借债建的房屋理应归上诉人所有。4. 一审判决以合法婚姻的财产的分配原则处理一般非法同居的财产原则是适用法律错误。被上诉人对财产的积累无任何的贡献，就不应多分配财产。一审判决否认上诉人建的房屋与情理不符。被上诉人并未举证证明房屋修建时自身有多少的投入，也未举证证实双方有共同的积累。自2004年双方结束同居后，上诉人举债独自建造房屋，被上诉人并未参与，被上诉人凭什么能分50%的份额？上诉人与被上诉人的两个小孩每年的教育、生活费不少于6万元，按通常的标准计算至大学毕业，生活、学习费就高达近50万元，一审判决将此责任留给上诉人一人承担是没有任何道理的。一审适用处理非法同居的财产分割原则，将登记在上诉人名下的财产，不分财产来源，不考虑对财产的贡献等作出的判断，显然无法律依据，请求驳回被上诉人要求分割上诉人财产的请求。

被上诉人辩称：一审不允许上诉人的证人出庭作证，是因为申请期限已超过举证期限，一审不同意其申请是符合法律规定的。被上诉人与上诉人是以夫妻的名义同居，亲戚、社会是认可的，并且生育了两个小孩，被上诉人作为家庭成员，对家庭的共同财产的积累作出了贡献，一审判决是合理的，请求二审驳回上诉，维持原判。

上诉人在二审举证期限内向本院提交的证据材料：1. 个体工商业营业执照，证明上诉人在与被上诉人同居前从事个体经营，有能力积累财产；2. 税务登记证，证明上诉人是合法经营；3. 出售宅基地协议书，证明宅基地由上诉人购买；4. 照片，证明被上诉人从2004年开始在越南购置车辆、房屋和经营公司。

上诉人在二审举证期限内申请证人李进伟、黄绍锦、张朝森出庭作证；证明上诉人与被上诉人在1996年至1997年间分居。上诉人还欠张朝森13万元建房工程款。

被上诉人质证认为：上诉人的书证1、2、3在一审时已存在，不是二审中的新证据。证据1、2不能证明现有财产是上诉人的个人财产。证据3载明的宅基地正是双方在同居期间购置的。证据4是在境外形成的证据，没有通过相关部门认证，不能作为证据。证人的证言不能证明双方在1996年至1997年是分居的。建房的债务除有借银行30万元债务外，没有其他债务。现从借据的日期看，也是在双方分居后形成的，不能认定为双方的共同债务。

二、二审法院认定事实

上诉人的证据材料1、2、3能证明上诉人从1985年从事个体经营，以及上诉人于1997年7月10日以自己的名义购买宅基地，对该证据材料予以采信。证据4是在境外形成的证据，没有通过相关部门认证，对该证据材料不予采信。

李进伟、黄绍锦证明上诉人与被上诉人在1996年至1997年间，在越南芒街各自做生意并分居，李进伟与上诉人不存在利害关系，其证言可以采信。黄绍锦与上诉人虽然是叔侄，有一定利害关系，但其证言得到李进伟的证言佐证，可以采信。张朝森证明上诉人还欠其13万元建房工程款，但从借据的日期看，是在双方分居后形成的，不属于双方的共同债务，故本院对该证据材料不予采信。

一审法院除没有认定被上诉人有过错和没有认定双方在1996年至1997年间分居的事实错误外，查明的其他事实属实。另查明：上诉人与被上诉人在同居期间因家庭日常琐事经常争吵，并有时打架，对此，双方都有过错。上诉人与被上诉人在1996年至1997年间，双方的关系时好时坏，经常吵架，产生分居。后双方又同居，但由于双方的家庭矛盾不断加深，感情破裂，2004年11月10日，上诉人与被上诉人进行协商，由被上诉人书写一份“离婚协议书”，上诉人签名同意。

三、二审法院判案理由

被上诉人非法入境与上诉人未经登记，以夫妻名义共同生活，违反了《中国与毗邻国边民婚姻登记管理试行办法》的规定，不能形成事实婚姻关系，属同居关系，被上诉人起诉请求与上诉人离婚，不符合《中华人民共和国婚姻法》的离婚规定，因此，对双方同居关系应当解除。

（一）关于上诉人与被上诉人争议的财产是否是属于双方共有财产，对财产如何分割的问题。上诉人与被上诉人从1989 年开始同居生活至2004 年农历2 月，双方在长期的同居生活期间，尽管存在争吵、打架等，但双方为家庭财产的积累作出了不同程度贡献，并生育两个小孩，财产是双方在同居期间购置的，应属于双方的共有财产。依照《若干意见》第10条规定“解除非法同居关系时，同居生活期间双方共同所有的收入和购置的财产，按一般共有财产处理……”因此，双方同居期间积累的财产应当属于共有财产，均有平等的处理权。虽然被上诉人是非法入境的外国人，但在解除同居关系和处理双方同居期间购置的财产时，同样适用中华人民共和国的相关法律规定。考虑到上诉人与被上诉人在1996 年和1997 年间出现分居的事实，上诉人在家庭中对财产的积累贡献较大，在财产分割上应当适当多分割一些，因此，上诉人认为其应当多分割财产的上诉理由充分，本院予以支持。但上诉人认为双方争议的财产属于其个人财产，以及被上诉人不享有按一般共有原则处理财产的上诉理由不充分，本院不予支持。本案为解除同居关系纠纷，依照《若干意见》第8 条规定“人民法院审理非法同居关系的案件，如涉及非婚生子女抚养和财产分割的问题，应一并予以解决。具体分割财产时，应照顾妇女、儿童的利益，考虑财产的实际情况和双方的过错程度，妥善分割”。本案中，上诉人与被上诉人双方均有过错，不能只认定上诉人有过错，而在财产分割上照顾被上诉人的利益，应当根据对家庭贡献大小来确定财产分割的比例，因此，上诉人请求按对家庭贡献大小来确定财产分割比例的上诉理由充分，本院予以支持。但上诉人认为解除同居关系后，在财产分割上不能适用过错原则的上诉理由不充分，本院不予支持。一审只认定上诉人有过错，对双方财产的分割比例确定错误，本院予以纠正。

（二）关于上诉人与被上诉人同居期间生育的两个小孩抚养费是否应按实际支出承担的问题。上诉人与被上诉人同居期间生育黄璋锦和黄洵锦，在解除双方的同居关系后，两个小孩由上诉人抚养和教育，被上诉人应当负担必要的生活费、教育费和医疗费，小孩的抚养费数额可根据小孩的实际需要、父母双方的负担能力和当地的实际生活水平确定。本院根据上述情况综合考虑，由被上诉人承担两个小孩的抚养费30万元，从被上诉人应分割的财产中一次性扣除。因此，上诉人认为一审确定抚养费不符合实际需要的上诉理由充分，本院予以支持，一审确定的抚养费金额错误，本院予以纠正。

（三）关于建房的债务如何确认的问题。《若干意见》第十一条规定：“解除非法同居关系时，同居期间为共同生产、生活而形成的债权、债务，可按共同债权、债务处理。”上诉人以位于东兴市北仑大道261号房产作抵押向中国工商银行东兴支行贷款30万元，该债务是双方同居生活期间而形成的债务，属共同债务。至于上诉人主张其欠张朝森的13万元建房工程款，因本院对该证据不予采信，因此，不能确认为双方同居期间的共同债务，故上诉人请求对借据确认为双方的共同债务的上诉理由不充分，本院不予支持。

综上，解除上诉人与被上诉人同居关系后，双方生育的两个小孩由上诉人抚养。双方共有的价值2697069元财产减去共同债务30万元后，剩余2397069元，由上诉人与被上诉人按6∶4比例进行分割，即上诉人分得1438241.4元，被上诉人分得958827.6元，被上诉人分割取得的财产减去其应当支付给两小孩的抚养费30万元后，剩余658827.6元由上诉人向被上诉人进行补偿。东兴市北仑大道234号房屋、261号房屋、桂P20267号蓝鸟小轿车及其他生活资料归上诉人所有。一审认定的部分事实和实体处理错误，本院予以纠正。

四、二审法院判决结果

依照《中华人民共和国民事诉讼法》第一百五十三条第

一款第（三）项的规定，经本院审判委员会讨论决定，判决如下：(一)维持东兴市人民法院（2005）东民初字第16号民事判决第二项；(二)变更东兴市人民法院（2005）东民初字第16号民事判决第一项为：解除上诉人黄纯与被上诉人麦氏月梅的同居关系；(三)变更东兴市人民法院（2005）东民初字第16号民事判决第三项为：共同财产东兴市北仑大道243号房屋、261号房屋、桂P20267号蓝鸟小轿车归上诉人黄纯所有；(四)变更东兴市人民法院（2005）东民初字第16号民事判决第四项为：上诉人黄纯与被上诉人麦氏月梅同居期间向中国工商银行东兴支行贷款30万元的债务由上诉人黄纯偿还；(五)变更东兴市人民法院（2005）东民初字第16号民事判决第五项为：上诉人黄纯向被上诉人麦氏月梅补偿658827.6元；(六)驳回被上诉人麦氏月梅的其他诉讼请求。一审案件受理费27190元，鉴定费18000元，合计45190元（被上诉人已预交），二审案件受理费27190元（上诉人已预交），一、二审全部诉讼费用合计72380元，由上诉人负担43428元，被上诉人负担28952元。

辨法析理

本案上诉人是具有中国国籍的中国公民，被上诉人是具有越南国籍的越南公民，目前我国法律对这方面事实婚姻关系的确认及双方同居关系解除后，如何适用法律没有规定，因此，在审理本案中主要涉及法律适用问题。

(一)在审理本案中，能否适用我国的法律来确认双方存在事实婚姻关系问题。根据《最高人民法院关于适用〈中华人民共和国婚姻法〉若干问题的解释（一）》第五条规定“未按婚姻法第八条规定办理婚姻登记而以夫妻名义共同生活的男女，起诉到人民法院要求离婚的，应当区别对待：1994年2月1日民政部《婚姻登记管理条例》公布实施以前，男女双方已经符合结婚实质要件，按事实婚姻处理”。而本案双方当事人虽然已于1989年开始同居，在日期上符合该解释规定的条件，即双方在民政部《婚姻登记管理条例》公布实施以前同居，但本案女方为外国公民，不能适用上述解释。另外，民政部于1995年2月17日发布的《中国与毗邻国边民婚姻登记管理试行办法》第九条规定“申请结婚的当事人，有下列情形之一的，不予登记：(一)非法入境的；(二)持无效、伪造的证件或者冒用他人证件的……”，本案女方为外国公民，也不符合该《办法》规定结婚登记的条件。因此，本案只能确认为同居关系，而不能确认为事实婚姻关系。

(二)本案双方当事人确认为同居关系后，在财产分割中，如何适用法律？依照《若干意见》第10条规定“解除非法同居关系时，同居生活期间双方共同所有的收入和购置的财产，按一般共有财产处理……”，很明显，《若干意见》是适用于解决我国公民男女同居生活期间的财产分割问题，但在本案中能否适用《若干意见》没有法律依据。另外，我们对越南国家在处理类似案件的法律不清楚。

此外，还对确定小孩抚养费及确定共有财产等问题如何处理有很大争议。

总之，随着我国经济的发展，北部湾经济合作的建立，两国公民经济往来频繁，两国男女同居生活情况也增多，会涉及一系列家庭社会问题，给法院审判工作带来新问题，因此，需要对解决中国公民与外国公民同居关系作出相关规定。

编写人：广西防城港市中级人民法院　郭传亿

十一、吴卫东诉吴亚碟离婚纠纷案

原告名称：吴卫东

被告名称：吴亚碟

一、诉辩主张

原告吴卫东诉称：其于1992年夏天经人介绍与被告建立恋爱关系并于1993年3月5日登记结婚。被告于1994年1月23日生育女儿吴诗琳。由于婚前原告对被告不了解，草率结婚。婚后发现被告性格暴虐，动不动就为一点琐事大动肝火，与原告及家人经常吵闹，婆媳、夫妻关系长期处于紧张状态。原告曾于1995年第一次向法院起诉离婚未果。自1998年原告父母相继过世后，原告曾试图与被告改善已经恶劣的夫妻关系，但被告不曾给过原告一丝机会，双方长期分居，夫妻关系处于名存实亡的状态。原告认为双方感情确已破裂，诉请：1. 准予原告与被告离婚。2. 婚生女吴诗琳归原告抚养。3. 合理分割共有财产。原告在开庭审理中撤回第二项诉请中的“被告按月支付抚养费人民币500元”，并同意由女儿提交的书面意见决定随原告或被告抚养；明确第三项诉请为分割“思明区黄厝村黄厝137号房屋（仅分割权属证书中所确认的合法建筑面积，对超过部分因系非法无法分割）”。

被告吴亚碟辩称：对原告所述的恋爱、结婚、生育及1995年曾起诉离婚的事实均无异议，原告的其他表述均不属实。针对原告的诉请，被告认为：1. 同意离婚；2. 婚生女吴诗琳要求归被告抚养，无须原告支付抚养费，同意由女儿提交的书面意见决定随原告或被告抚养；3. 同意分割夫妻共同财产，但共有财产除思明区黄厝村黄厝137号房屋外，尚有思明区黄厝村黄厝 03 号老宅、承包的耕地 5.08 亩及开荒的龙眼地，被告只要求思明区黄厝村黄厝 137 号房屋归其所有，其他财产均可以放弃。

二、法院认定事实

福建省厦门市思明区人民法院经公开审理查明：

（一）双方当事人无争议的事实：原告起诉状所称的恋爱、结婚、生育及 1995 年曾起诉离婚的事实；被告对原告诉讼请求中的离婚以及女儿随被告共同生活（女儿吴诗琳出具书面意见表示愿意随被告共同生活）没有异议。

（二）对双方争议的共有财产的范围及如何分割？法院分别查明、认定如下：

原告对其主张的共有财产未举示证据，被告就此举证的证据：（1）土地承包经营权证，用于证明承包的土地是夫妻共同财产，被告和原告约共有5.08亩中的 4.4 亩；（2）土地使用权证和房屋所有权证，用于证明思明区黄厝村黄厝 137 号房屋是夫妻共有财产。

1. 原告对被告的第一份证据的真实性无异议，但质证认为土地承包情况从 1981 年延续至今，1999 年换证时才登记到原告名下，这只是一个具名人，实际是家庭四个成员共有的，原告只享有四分之一的承包权。查该份证据，共为三页，以表格形式登记相关内容，其中第一页“土地承包经营权证”下记载颁发日期为 1999 年 1 月 1 日；第二页上“户主”栏为“吴卫东”，“家庭成员”栏记载三个成员“父：吴俊龙”、“母：林素贞（已故）”、“姐：吴月丽”，承包地面积为“5.08 亩”。据该份证据所载内容无法确认原告目前享有共有财产的实际情况，无从确认其所享有的具体份额，更无法认定被告所主张的“原、被告双方约共有5.08亩中的 4.4 亩土地”的事实，且原告并未将此列为诉请内容，被告亦未提起反诉。因此，被告的该部分抗辩意见不予采纳，其可另案起诉。

2. 原告对被告的第二份证据的真实性无异议，但认为应按所有权证核定的合法建筑面积进行分割，对超占、超建部分因不合法不得分割。查该份证据相关内容，土地使用权证上备注“本宗地批准补办用地面积 50 平方米，实测用地面积62.72 平方米，土地超占 12.72 平方米，超占部分今后因建设需要拆迁时不予补偿”；房屋所有权证上备注“本宗地批准补办建筑面积：1～2 层各 50 平方米、3 层 20 平方米，实测总建筑面积 220.70 平方米，共超建筑 100.70 平方米，超建部分今后因建设需要拆迁时不予补偿”。法院认为，讼争房屋经权属登记部门确认存在超占土地、超建建筑面积的违法事实，该情况一并被记载于权属证书中，相应超出部分作为实际存在的财产仍属双方当事人共同共有，至于该部分财产最终享有权益或者应承担义务，依权利义务相对等原则系由共有人共同享有或承受。因此，法院确认违章部分建筑面积仍为夫妻共有财产的一部分，属分割范围，原告的质证意见无法成立。其次，关于如何分割该项财产？因双方均未提出合理分割方案或举证房屋具体价款以供折价分割，也未主张按照《最高人民法院关于适用〈中华人民共和国婚姻法〉若干问题的解释（二）》第二十条规定的方式进行竞价，在此情况下，法院确认双方各按 50% 的份额共有。

此外，关于被告抗辩的共有财产的范围还应包括思明区黄厝村黄厝 03 号老宅及开荒的龙眼地的意见，因其在举证期内并未举示证据证明存在该二部分财产以及系夫妻共有，故其抗辩意见无法成立，法院不予采纳。

三、法院判案理由

福建省厦门市思明区人民法院根据上述事实和证据认为：夫妻的感情是维持婚姻关系的基础。原、被告现感情确已破裂且被告也同意离婚，故原告诉请离婚，法院予以准许。双方当事人均同意以女儿提交的书面意见决定女儿吴诗琳与哪一方共同生活，吴诗琳已提交书面意见表示愿意跟随被告共同生活，故法院亦予以支持。关于夫妻共同财产，法院仅确认并分割原、被告的夫妻共有财产中的厦门市思明区黄厝村黄厝137号房屋，双方各按50%的份额共有；被告对其他财产的分割意见不予采纳，其可另案主张相关权利。

四、法院判决结果

福建省厦门市思明区人民法院依照《中华人民共和国婚姻法》第十七条、第三十二条第二款、第三十六条第三款、第三十七条、第三十九条第一款之规定，判决如下：

（一）原告吴卫东与被告吴亚碟离婚。

（二）女儿吴诗琳由被告吴亚碟抚养。

（三）厦门市思明区黄厝村黄厝137号房屋由原告吴卫东与被告吴亚碟按各50%的份额共有。

本案案件受理费300元，由原告吴卫东、被告吴亚碟各负担150元。

辨法析理

本案关键是如何认定讼争房屋超占土地、超建筑面积的部分。在本案处理过程中，关于如何处理讼争房屋超占土地、超建筑面积的财产存在三种争议观点。第一种意见如本案之判决处理意见。第二种意见认为该部分财产系不法财产，不应予以处理，对该部分请求应予驳回。第三种意见认为，依照《中华人民共和国民法通则》第一百三十四条第三款之规定，应收缴该部分非法财产（权益）。争议的三种观点中，第三种意见最不妥当。财产的追缴，混淆了民事审判和行政处罚的界限，混淆了公法和私法的边界，且在民事诉讼中，当事人对收缴不服无法获得法律救济，不符合私法裁判的中立原则。[①] 第二种意见亦为不妥，该部分财产在原告诉请范围内，不予处理与拒绝裁判几无差别，违反了“不得拒绝裁判的”司法原则；其次，对于诸如本案这种存有瑕疵财产与权益进行“正面”审理裁断并无任何之不当（其中理由见以下部分）。反观本案第一种意见即本案的裁判是正确、妥当的，具体理由如下：

（一）划分该部分财产符合分割夫妻共同财产的内涵。分割离婚案件中共同财产的形式既可按财产类型划分，亦可按时间顺序划分，还可按双方约定等方式分割，其实质是权利与义务的确认，也就是确认权利和义务的最终归属主体和归属方式。这样，一些标的物可能单纯载有权利（这种权利可能不具完全的权能，比如，婚姻关系期间租赁的公房，双方仅享有使用权，即仅享有所有权中的部分权能，在离婚中也应适当分割）；而另一些标的物则可能全部承载义务，比如对于第三人的欠款；但也有些标的物不只是完整意义上的权利或义务，而是权利与义务的“混合体”，如本案中这种存有瑕疵的财产。本案中讼争房屋超占土地、超建筑面积的房产虽处于非法状态，但权属登记部门予以确认且一并记载于权属证书，非法部分与合法部分是一体的而非分裂的，属双方当事人共有财产范围应无疑义。依权利与义务相对等原则应由共有人概括承受的，分割时仍应依照一般的原则对其中享有的权益和承担的义务一并确认归属。

（二）分割非法财产是否使非法性质的财产得到合法确认？这种逻辑是不能成立的。如上所述，划分夫妻共同财产是确认权利和义务的承担主体以保持财产性权利的秩序

① 李风章：《不法给付的法律后果》，载《人民法院报》2006年7月17日第6版（“理论与实践·民事审判”版）。

稳定。对于财产或权益被认定为非法所依据的法律规范，应区分相应规范属“效力性规范”或是“管理性规范”（又称“取缔性规范”）。前者为了国家利益或社会公共利益，是绝对的非法与无效，比如毒品及其交易行为；后者则是出于秩序管理之目的，属行政管制，只要补充相关要件则标的物及相应行为仍为合法。[①] 本案争议财产被认定为非法的法律规范显然属于后者，违反的是土地行政主管部门对于房屋建设的规范，在“罚当其罪”后，财产仍然“瑕不掩瑜”，允许持有甚至流通。分割的过程与结果并未改变非法财产的属性，也未将非法部分予以排除，而是认定标的物的归属主体。如此，何来为非法“正名”、使非法标的物合法化？

编写人：福建省厦门市思明区人民法院　彭朝辉

---

① 郑金雄、郑承茂著：《无产权证房屋能否买卖》，载于《人民法院报》2007年2月7日第4版。

十二、李楠诉纪岩探望权纠纷案

原告（被上诉人）名称：李　楠
被告（上诉人）名称：纪　岩

一审情况

一、一审诉辩主张

原告李楠诉称，2006 年 6 月，李楠与纪岩离婚时，协议约定纪圣文随李楠生活。后纪岩从未探视过孩子，而是由爷爷、奶奶将孩子接走，周一再送回。爷爷、奶奶年龄较大，没有照看孩子的能力，这种探视方法不利于孩子的生活与学习，而且严重影响到李楠的生活。故要求确定每月探视一次，探视时间为上午 8 时至下午 18 时，纪岩可将纪圣文接走探视。

被告纪岩辩称：纪岩与李楠离婚时，协议约定了纪岩可以将孩子接走过周末，现李楠反悔缺少依据。另孩子只和母亲一起生活缺少父爱，不利于孩子的成长，要求维持现在的探视方法。

二、一审法院认定事实

北京市大兴区人民法院经审理查明，李楠与纪岩原系夫妻关系，生有一子纪圣文（2001 年 7 月 11 日出生）。2006 年 6 月，双方经北京市大兴区民政局协议离婚。离婚时，双方协议纪圣文由李楠直接抚养，纪岩每月给付子女抚养费 500 元，纪岩每月可接看纪圣文两次。离婚后，纪岩每两周探视纪圣文一次，纪岩周五将纪圣文从幼儿园接走，周一将纪圣文直接送到幼儿园。

上述事实，有双方当事人的离婚协议、双方当事人的陈述、纪岩父母的证言等证据材料在案佐证。

三、一审法院判案理由

北京市大兴区人民法院根据上述认定的事实和证据认为，李楠与纪岩离婚后，作为不直接抚养子女的纪岩，对子女应当享有探望的权利。鉴于双方当事人在行使探望子女的权利问题上不能协商解决，故法院应根据双方当事人和子女的具体实际情况，本着有利于子女安定生活、健康成长的原则处理。

四、法院判决结果

北京市大兴区人民法院依据《中华人民共和国婚姻法》第三十八条之规定判决：自 2007 年 7 月起，纪岩可于每月的第一个、第三个星期六的上午 8 时至当日的下午 18 时将婚生子纪圣文从李楠处接走并对其进行探视，李楠负有协助探视的义务（于本判决生效后履行）。

二审诉辩主张

上诉人纪岩不服一审法院判决，提起上诉。上诉请求：撤销原审法院判决，依法改判驳回李楠的诉讼请求。上诉理由：在离婚时，纪岩与李楠已经就子女的探视问题进行过协商，双方已经达成协议，在目前孩子生活状况没有任何改变的情况下，李楠又要求改变探视时间，依据不足；一审法院判决变更探视时间、方式，属于变更了双方的协议约定，缺少法律依据；现二审应当改判维持现有的探视方式，或者改判缩短探视周期，延长探视时间。

李楠答辩称：同意原审法院判决，纪岩不履行探视义务，而由爷爷、奶奶代为履行，显然对孩子的成长不利，爷爷奶奶年龄大，已经没有能力带孩子过夜，要求二审维持原审法院就探视方式变更的判决。

一、二审法院认定事实

二审法院经审理查明，二审法院查明的事实与一审法院相同。李楠与纪岩原系夫妻关系，二人于2006年6月经北京市大兴区民政局协议离婚。二人婚生子纪圣文（2001年7月11日出生）协议由李楠抚养，纪岩每月给付子女抚养费500元，纪岩每月可接看纪圣文两次。离婚后，纪岩每两周探视纪圣文一次，纪岩周五将纪圣文从幼儿园接走，周一将纪圣文直接送到幼儿园。

上述事实，有双方当事人的离婚协议、双方当事人的陈述、纪岩父母的证言等证据材料在案佐证。

二、二审法院判案理由

北京市第一中级人民法院判决认为，父母对子女有抚养教育的权利和义务。父母离婚后，不直接抚养子女的父或母，有探望子女的权利，另一方负有协助探望的义务。李楠与纪岩离婚后，作为不直接抚养子女的纪岩，对纪圣文享有探视权，但纪岩与李楠应就纪圣文的探视问题协商，以便有利于纪圣文的生活与学习。在纪岩与李楠无法就探视问题达成一致的情况下，李楠不同意执行原协议，原审法院根据纪圣文现在学习及生活的实际情况，从而判定纪岩探视的周期与时间并无不妥，该判决内容在现阶段有利于纪圣文安定生活、健康成长，并有利于李楠单方带孩子生活的实际情况。故二审法院对纪岩要求延长探视时间及缩短探视周期的上诉主张不予支持。

三、二审法院判决结果

二审法院依据《中华人民共和国婚姻法》第三十八条、《中华人民共和国民事诉讼法》第二百五十三条第一款第（一）项之规定，判决：驳回上诉，维持原判。

一审案件受理费二十五元，由李楠负担十二元五角（已交纳）；由纪岩负担十二元五角（于本判决生效后七日内交纳）。二审案件受理费二十五元，由纪岩负担（已交纳）。

辨法析理

（一）探望权，既是权利又是义务

1. 探望权的概念与其立法现状

探望权在国外称为探视权，主要是指父母离婚后，不直接抚养子女的父或母享有按照约定的时间和方式，与未成年子女的联系、会面、交流，或者较短时间共同生活的权利。探望权制度起源于英美法系，是我国婚姻法修正案中新增加的一项制度。《婚姻法》第三十八条规定：“离婚后，不直接抚养子女的父或母，有探望子女的权利，另一方有协助的义务。”探望权制度的设立，弥补了《婚姻法》中探望权制度的缺失，使我国婚姻家庭制度更加完善，保障了间接抚养方对子女探望的权利，满足其思念子女的情感需要。但是，《婚姻法》中关于探望权的规定，过于抽象，关于父母双方的权利范围、探望权实现的方式、行使时间的长短、地点的选择、中止事由等，均未作出具体的规定，这些问题束缚了探望权的行使，探望权的法律制度有待进一步完善。

2. 探望权是权利，也是义务

（1）探望权是基于父母子女身份关系的一种派生权利

探望权属于天赋权，只要父母子女的身份关系存在，探望权就应该是非直接抚养子女一方的权利，非有法定理由不应予以限制或者剥夺。各国立法实践和婚姻法理论普遍认为：探望权作为一种法定权利，只有在不利于子女身心健康发展的情形下，才应该受到限制甚至被暂时剥夺。我国的探望权制度也采纳了这一立法思想。

（2）父母有抚养教育未成年子女的义务

法律在保障探望权的同时，也在强化父母抚养教育子女的法律责任，要求不直接抚养子女的父或母在给予子女物质供养的同时，要对子女的精神给予关心、爱护与培养。自然法作为法的精神存在，并不具有确定性的标准，用法律形式确定探望权其意义不仅在于维护亲权，增进父母子女的感情，同时也关系到父母对子女的监护和教育问题，是不直接抚养子女的一方监督监护权行使的重要手段。探望权具有职责的性质，未与子女共同生活的父或母，必须以合理的方式和时间，以有利于未成年子女利益为原则探望子女，以促进子女的身心健康。离婚后，不与子女共同生活的父或母，仅仅因离婚而变更了行使和履行监护的方式，其对子女抚养教育的义务并没有消除，探视子女对父母来说，不仅是权利，更应该是一种义务。笔者认为，探望权涵盖的内容还应当包括：1. 对抚养子女的一方有监督其监护权行使并提出异议的权利。2. 有请求对方告知子女人身情况的权利。3. 有参与子女教育的权利。4. 在遇到子女抚养的重大问题时，双方有协商互助解决的义务。

（二）探望权行使方式的确定

1. 探望权行使方式的协议优先原则

探望权的行使方式对于实现探望的目的，有着重要的作用，可以减少或者弥补父母离异给子女心灵造成的阴影。《婚姻法》第三十八条第二款规定了确立探望时间、方式的两种途径："行使探望权利的方式、时间由当事人协议；协议不成时，由人民法院判决。"该规定确立了探望权行使方式有父母协议和法院判决两种，其中协议优先。但是，对于探望权到底应当如何行使，方式如何确定，该规定均未涉及，属于立法缺憾。

2. 探望权行使方式的种类

一般来说，探望的方式主要有以下三种：（1）看望式探望，属于短期探望，即非抚养一方定期或不定期地看望子女的方式。每次探望的时间很短。（2）逗留式探望，是指在约定所确定的时间内，由探望人领走并按时送回被探望子女。显然，这种探望的时间较长。（3）交叉式探望，指离婚时法院判决或双方协议子女随父或者随母生活，但其后双方同意子女可以自由来往，父或母可以到子女居住的一方探望。通常情况下，后两种方式更有利于父母双方对子女的教育，更有利于父母与子女的亲情的发展和未成年子女的身心健康成长。但这两种方式对探望人的要求很高，不仅应该具有良好的居住条件，还应该有良好的生活习惯。在适用各种探望权行使方式时，需要考虑的一个重要因素就是子女的年龄，如零到三岁的幼儿，身体、智力等多方面受环境影响较大，无生活自理能力，适用看望式探望比较适宜；如三至十周岁的儿童，对环境的变化适应能力与控制能力，在是否探望问题上很难表达其真实意思，容易为他人观点左右，所以对于此年龄段的儿童的探望方式，也不宜征求孩子的意见来确定；如果是十至十八周岁的未成年子女，虽然还是限制民事行为能力的人，但是对于探望的问题已经具备了相当独立的思考和判断能力，因此，在决定探望权的问题上应当征求孩子的意见，由孩子自已来确定探望权的行使方式。

如果离婚的父母在协商时无法就探望权行使的方式和时间达成协议，就要诉请法院作出判决。法院判决探望权行使的方式与时间要充分了解探望权人的实际情况，根据子女的实际年龄、身体状况等情况，利用不同探望方式的特点，本着对孩子身心健康有利的原则来确定探望的时间、地点和方式。探望权人的人品状况、健康状况、经济条件、居住环境、有无烟酒嗜好、有无不良行为记录、甚至交友范围都是法官审查的依据。

本案中，李楠和纪岩就是在离婚协议中，确定了纪岩的探望方式和时间。那么法院是否可以变更离婚协议中双方达成的探望权行使的时间和方式呢？

（三）法院裁判的依据

1. 法官自由裁量权在探视权案件中适用的必要性

在审理探视权案件时，法官确定具体探视方式的依据是每个案件的具体情况——对未成年子女是否有利，实质是考察探望权人的资格。人民法院应根据有探望权的父母的实际情况，根据子女的年龄、身体状况等情况，根据不同的探望方式的特点，本着对子女身心健康有利的原则来确定具体的探望方式、时间和地点。对探望权的安排因情况不同而有所区别。赋予法官在有关探视权案件上的自由裁量的权力，是非常必要的。因为每个孩子不同，每个家庭的情况也千差万别，这类案件需要由了解案情的法官作出，而不是只依照一个抽象的法条，作出一刀切的判决。此外，对于在离婚协议中已经约定的探望权的行使方式，在此后执行确有困难的，或者在离婚后双方生活的情况发生了重大的变化，或者子女的年龄增长、日趋成熟，法官可以适用自由裁量权对于探视的方式与时间进行适当的调整。如我国台湾地区“民事诉讼法”规定，法院为酌审子女之最佳利益，得征询主管机关或社会福利机构之意见，或请其进行访视，就相关事项为事实之调查，提出调查报告及建议。在实际生活中，由于父母感情破裂，解除了婚姻关系，父母在协商时，可能会过多考虑自己的利益，故意提出不合理的探望时间或方式，而离婚当事人也可能为达到离婚的目的暂时委曲求全，但这样达成的时间和方式可能对未成年子女不利。这种情况下，当然需要由法官这一第三者作出判断，从真正利于子女的角度出发确定相关的探视时间与方式。

2. 法院确定探望权行使方式的要素

人伦亲情作为权利被提出，并非简单只是为了满足父母看望子女的需要，其最终目的，是要将离婚对子女的损害减少到最低点。在双方因探望权行使的方式无法达成协议，或者协议难以继续履行的情况下，应当依子女利益，由法院裁决。法官的职责，不在于判断当事人的权利有无，而在于根据案件的具体情节确定最佳的、最合理的解决方案。

对于探望权的行使方式需要考虑的综合因素主要包括：

(1) 父、母的愿望；

(2) 子女的意愿；

(3) 子女的身心健康和教育的需要；

(4) 子女的年龄、性别、健康状况、精神状态和理解能力。

在这其中，最为重要的应该是子女的意见。在子女较小，无法明确表达自己意见的情况下，法院应当更多地考虑未成年人的身心健康与合法权益。本案中，纪圣文年龄较小，尚需要由母亲亲自抚养。纪圣文祖父母的频繁探望，并将其接走作逗留式探望的行为，只会增加纪圣文心理上的不稳定，干扰其正常生活，同时，也给李楠的单亲家庭带来诸多不便。而相反，纪岩作为父亲，其将子女接走后，交由其祖父母代管，其对纪圣文心理上造成的疏忽和冷落，亦对纪圣文的身心健康不利。所以，一、二审法院在此基础上对李楠与纪岩达成的探望权行使方式的协议进行了变更，重新确定了纪岩的探望方式。

(四)探望权主体的扩张问题尚待立法明确

探望权是和直接抚养权相对的一种权利。父母离婚后，直接抚养子女的一方取得直接抚养权，非直接抚养方的亲权在时间、空间上受到一定的限制，法律赋予了不直接抚养子女的父或母对子女的探望权。因此，探望权的主体是父或母。探望权是法律赋予父母的职责性权利。

有的学者主张祖父母、外祖父母应当享有探望权，是探望权行使的主体。但也有学者主张，在目前立法尚无相关规定的情况下，对于探望权的主体不应扩张。笔者认为，家庭成员间的经常性接触能够提高利他主义的程度，可以增强未成年子女与他人的沟通、交流能力，减轻子女的家庭破碎感，有利子女的健康成长。从我国的国情出发来考虑这个问题，在小家庭成立后，尤其是小生命诞生之后，祖父母、外祖父母往往对下一代的子女给予关注，甚至投入比父母更多的爱与关心，与孙子女、外孙子女之间形成深厚的感情基础。在孩子的父母离婚后，断然割裂这种亲情，实与人性相违。我国著名学者杨立新教授认为："祖父母、外祖父母没有对孙子女、外孙子女的探望权，显然不符合人性和情理。"《婚姻法》第三十八条规定的探望权，立法者所欲实现的利益保护就是要有利于"子女身心健康"，而对孙子女、外孙子女进行过抚养的祖父母、外祖父母对子女的探望既是对离异家庭子女情感的一种抚慰，又可以对幼儿人生观、亲情观的形成大有裨益，显然是对子女的身心健康有利。对此，望立法者赋予对孙子女、外孙子女尽过抚养义务的祖父母、外祖父母探望权，扩大探视权的主体范围，使《婚姻法》不再是冷冰冰的法律，而是充满人情和亲情的立法。

本案中，纪圣文的祖父母、外祖父母对纪圣文曾经亲自尽过抚养义务，这在中国的传统家庭中是常事，这种祖孙情难以割舍。法官正是考虑到这一点，才在纪圣文的父亲只管接送，而不亲自履行探望权的照管义务情况下，仍旧维持了纪岩的探望权，保持住了纪圣文与祖父母的接触，使孩子在父母离婚的情况下，并不离家，享有亲情。当然，亲情也需要顺乎自然，不能强加给子女、孙子女、外孙子女，否则就违背了探望权应以子女利益为先的立法宗旨。

编写人：北京市第一中级人民法院　王磊

十三、兰珠玉诉梁其应离婚纠纷案

原告名称：兰珠玉

被告名称：梁其应

一、诉辩主张

原告诉称：

原、被告双方于1988年5月间经人介绍认识，同年8月份按农村风俗举行婚礼。1991年6月11日补办结婚登记，婚后于1989年3月13日生育女儿梁观敏。1991年6月17日生育男孩梁应辉。由于双方性格不合，经常因家庭生活琐事争吵，产生感情破裂，分居生活多年。原告于2005年8月以夫妻感情已破裂诉至法院，请求离婚。本院于2005年9月21日判决原、被告不准离婚。但双方仍然和好无望，分居生活至今。因此原告于2007年5月18日再次诉至法院，请求判令原、被告双方离婚，婚生子女均由原告抚养，抚养费由原、被告共同承担。

被告梁其应辩称：

不同意与原告离婚，当法庭将开庭传票等应诉材料留置送达被告时，被告不出庭应诉与答辩。

二、法院认定事实

霞浦县人民法院公开开庭审理查明：原、被告双方于1988年5月间经人介绍认识，同年8月份按农村风俗举行婚礼，同居生活。期间于1989年3月13日生育一女儿梁观敏，1991年6月17日生育一男孩梁应辉。1991年6月11日补办结婚手续。原告曾于2005年8月以夫妻感情不和、分居生活多年为由诉至法院请求判令与被告离婚。本院于2005年9月

21 日判决不准离婚。但原、被告双方仍和好无望，无法共同生活。原告于 2007 年 5 月 18 日再次诉至本院请求判决与被告离婚。

上述事实有下列证据证明：

1. 霞初字第 1789 号结婚证，证明原、被告于 1991 年 6 月 11 日登记结婚的事实。

2. 提证人郑梅英、兰玉英的证言，证明原、被告双方于 2000 年 3 月至 4 月份开始因双方经常吵架、感情不和分居生活至今长达 7 至 8 年的事实。

三、法院判决理由

霞浦县人民法院根据上述事实和证明认为：原告兰珠玉以夫妻感情确已破裂已两次向法院提出与被告离婚为由要求判令原、被告离婚，两个孩子均由原告自行抚养。本院根据原告二次向法院提出与被告离婚，特别是原告第一次向法院提出与被告离婚，本院于 2005 年 9 月间判决不准离婚后仍和好无望，继续分居生活至今，现原告再次以夫妻感情确已破裂为由请示本院判令与被告离婚，并向本院提供相应证据，其请求符合有关法律规定本院予以支持。因被告未到庭应诉，抚养费由原、被告均等承担。因女儿梁观敏已满 18 周岁，可独立生活。儿子梁应辉经本院征求其意见愿意跟随原告生活，被告未到庭应诉，故原告的请求本院予以支持。

四、法院判决结果

霞浦县人民法院依照《中华人民共和国民事诉讼法》第一百三十条、《中华人民共和国婚姻法》第三十二条、第三十七条之规定，作出如下判决：

1. 准予原告兰珠玉与被告梁其应离婚。

2. 婚生儿子梁应辉跟随原告兰珠玉生活，抚养费原、被告共同负担。被告梁其应于本判决生效后每月 15 日支付给原告儿子梁应辉抚养费 200 元，直至梁应辉满 18 周岁时止。

本案受理费300元由原告负担。

辨法析理

主审法官将应诉及开庭传票送至被告家，被告拒收，主审法官邀请所在地村民委员会负责人一起到被告家，将应诉材料留置在被告的住所。被告扬言，你要放就放在这里，我才不理你们，我不到庭，法院如果判我离婚，我将拿刀来拼命，看守所都是关什么人，关义愤填膺的人。开庭的时候，被告不到庭，站在离法院不远的大楼里，侥幸地等待。开完庭后，梁其应叫人威胁主审人员，如果这个案件判离，他就将儿子带到主审法官家吃饭、生活。面对梁其应这样的人，主审法官将这个案件判决离婚，不能没有思想顾忌。但如果对法院第一次判决离婚的案件，原告在判决不准离婚后，仍然无法与被告和好，继续分居达一年多以上再次向法院诉请离婚的案件，法院判决不准离婚，这样无形当中给原告增加诉讼负担，作为一名主审法官，不要怕被告威胁，关键是要把握好法律法规，在被告拒不到庭的情况下，更要把握法律法规。这个案件我们把握好法律法规，被告梁其应虽然气势汹汹，但在收到留置送达的判决书后，自己咨询有关法律工作者，于是知道法院判决其离婚是依法办事。

原告兰珠玉于2005年8月与2007年5月两次向法院提出与被告梁其应离婚。因被告梁其应不同意与原告离婚，故法院将第二次起诉离婚的开庭传票、应诉通知留置送达到被告梁其应的住所地给被告，被告仍规避法律，不到庭应诉答辩。被告以为其不到庭应诉，法院就不敢判决原、被告离婚，而本院根据有关法律规定认准原、被告经法院判决不准离婚后继续分居达一年以上，说明其夫妻感情确已破裂，依法支持原告的诉请。原告兰珠玉与被告梁其应于1988年5月经人介绍认识，同年8月按农村风俗举行婚礼，而后二人同居生活。于1989年3月13日生育女儿梁观敏，1991年6月17日生育儿子梁应辉。直至1991年6月11日快要生儿子时补办结婚登记手续，应该可以说原、被告俩人的婚姻基础是好的，但由于儿子梁应辉出生后，原、被告夫妻俩人因生活琐事而发生摩擦，被告未能正确对待婚姻家庭，独自外出打工，不履行丈夫和父亲的职责，特别是原告于2005年8月间向法院提出离婚，同年9月份被判决不离后，被告梁其应未能正确对待法院的判决，而是破罐破摔，导致原告于2007年5月间再次向法院提出离婚。假如法院不支持原告的第二次起诉离婚的诉请，原告将会第三次向法院再次提出离婚，这样就增加当事人的诉累。而原告迫于被告躲避其不履行对子女的抚养义务，因女儿梁观敏在案件判决时已年满18周岁，可以独立生活。而儿子梁应辉未满18周岁，经本院征求其意见愿意跟随其母亲生活。故判令原告儿子梁应辉跟随原告生活，但因被告不到庭应诉，其应履行的法律义务应判令其履行。所以判令被告梁其应每月支付200元直至梁应辉18周岁时止。该案判决后，原、被告双方服判，未提出上诉。通过办理此案，主审法官体会到只要原告的诉讼请求符合有关法律规定，不管被告为何规避法律，法院均应支持原告的诉请。

编写人：福建省霞浦县人民法院　阮文

十四、梁冰诉夏天离婚纠纷案

原告名称：梁　冰

被告名称：夏　天

一、诉辩主张

原告梁冰诉称：原、被告双方系同事关系，2002 年相识，2003 年 3 月 24 日登记结婚，婚后无子女。由于原、被告婚前缺乏了解，婚后因生活方式、处事方式不同经常争吵。自 2006 年 8 月原、被告分居，2007 年 4 月原告搬出居住，原、被告双方均同意离婚，但对财产分割达不成一致意见，原告认为夫妻感情确已破裂，无和好可能。现原告诉至法院要求：

（一）解除双方的婚姻关系；

（二）判令本区白纸坊西街 17 号 7 幢 2 层 03 号房屋归原告所有；

（三）被告承担本案诉讼费用。

被告夏天辩称：原告所述的我们相识、婚姻登记情况属实，我们婚后无子女。我们结婚后的主要矛盾就是她认为我不理解她，我们不是天天吵架，但是为生活方式和处事方式争吵过。现在我同意离婚，夫妻财产的分割问题，主要的争议就是在房子，我要房子，我可以支付给原告 15 万到 20 万的补偿款。被告对原告的诉讼请求的意见：同意离婚，我要房子。

二、法院认定事实

北京市宣武区人民法院经公开审理查明：原、被告于 2002 年自行相识，2003 年 3 月 24 日登记结婚，婚后无子女。双方婚后为琐事有过争吵，现原告诉至法院要求与被告离婚，被告同意与原告离婚。北京市宣武区白纸坊西街 17 号院 7 号楼203号房屋的所有权证持证人是梁冰，房屋共有权人是夏天。甲方（借款人）梁冰与乙方（贷款人）中国建设银行北京宣武支行与丙方（保证人）北京市天工房地产开发有限责任公司签订《个人住房贷款借款合同》，约定乙方向甲方提供人民币贷款39万元。庭审中，双方一致认可上述房屋现值为80万元，截至2007年9月27日，原、被告尚欠银行贷款余额为336725.41元。原告于庭审中坚持上述房屋所有权归原告，原告可以在法院判决生效之日起三日内将法院裁判的房屋补偿款给付至被告。被告要求房屋所有权归自己，被告可以给付原告15万至20万的房屋补偿款，给付期限为一个月内。另查一，双方名下的共同财产有：海尔牌冰箱一台、电视机一台、洗衣机一台、壁挂式空调三个、微波炉一个、海尔牌落地遥控电扇一个、万家乐热水器一个、饮水机一台、双人床两张、床头柜一个、大衣柜两套、沙发一套、茶几一个、凉椅一套、电脑桌一个、电视柜一组、鞋柜一组、餐桌椅一套、两幅字画。双方于庭审中一致同意上述财产全部归原告所有，原告给付被告财产补偿款五千元。双方名下无共同存款、债权、债务及其他财产。另查二，被告于庭审中称上述房屋的首付款中含有自己婚前付出的10万元，原告认可被告的婚前付出款为8万元，对此，双方均未提供证据加以证明。另查三，被告于庭审中提交原告在起诉前通过电子邮件传给被告的离婚协议书，其上载明“房产归男方夏天所有”，原告认可协议书的内容为自己草拟，原告称当时被告不同意按照协议给付原告20万元的房屋补偿款，原告即起诉到法院要求离婚。被告表示自己当时想挽救婚姻所以当时没有同意协议内容。此案经法院主持调解，双方当事人各持己见。

上述事实，有双方当事人陈述、结婚证、中国建设银行个人贷款还款计划表、商品房买卖合同、房屋所有权证及房屋共有权证、个人住房贷款借款合同在案佐证。

三、法院判案理由

婚姻应以夫妻感情为基础。本案原、被告虽系自主结婚，但婚后未能维系好家庭关系。现原告以夫妻感情破裂为由诉至法院要求离婚，被告同意，本院准予原、被告离婚。双方一致同意冰箱等共同财产归原告所有，原告给付被告财产补偿款5000元，本院不持异议。关于宣武区白纸坊西街17号院7号楼203号房屋分割一节，法院综合考虑银行贷款因素及双方的货币偿付能力等因素后认定该房屋由原告梁冰享有所有权为宜，原告梁冰应给付被告夏天相应房屋补偿款，具体数额，法院依法裁判。另外，当事人对自己提出的诉讼请求所依据的事实或者反驳对方诉讼请求所依据的事实有责任提供证据加以证明。没有证据或者证据不足以证明当事人的事实主张的，由负有举证责任的当事人承担不利后果。本案中，被告夏天称购买上述房屋自己于婚前付出10万元，原告梁冰只认可被告夏天于婚前支付了8万元。鉴于被告未提供证据证明自己婚前支付的是10万元，故法院对夏天为购买上述房屋于婚前付出的8万元部分予以确认。鉴于双方未曾对离婚协议书的内容达成过一致，故法院认定该离婚协议书未生效，该协议书对双方无法律约束力。北京市宣武区人民法院依照《中华人民共和国婚姻法》第三十二条、《最高人民法院关于民事诉讼证据的若干规定》第二条之规定，判决如下：

1. 准予原告梁冰与被告夏天离婚。

2. 北京市宣武区白纸坊西街17号院7号楼203号房屋归原告梁冰所有，原告梁冰自行偿还该房屋产生的贷款余款。

3. 自判决书生效之日起三日内，原告梁冰给付被告夏天上述房屋之补偿款人民币三十一万一千六百三十七元三角。

4. 共同财产：海尔牌冰箱一台、电视机一台、洗衣机一台、壁挂式空调三个、微波炉一个、海尔牌落地遥控电扇一个、万家乐热水器一个、饮水机一台、双人床两张、床头柜一个、大衣柜两套、沙发一套、茶几一个、凉椅一套、电脑桌一个、电视柜一组、鞋柜一组、餐桌椅一套及两幅字画，全部归原告梁冰所有。

5. 自判决书生效之日起三日内，原告梁冰给付被告夏天上述财产之补偿款五千元。

辨法析理

本案焦点为按揭房屋的分割问题。本案原、被告于婚后购买了白纸坊西街17号院7号楼203号房屋，该房产系夫妻共同财产，应予以分割。但是，购买该房产向银行贷款的人为原告梁冰。根据我国《合同法》的规定，债务的转移需经债权人同意，法庭判决后，银行作为贷款合同的一方，以变更后的还款人不具备还款能力为由拒绝办理转按揭时，将导致法院的判决无法执行。如果法院根据我国《婚姻法》直接变更贷款合同的还贷方，除了存在上述问题外，还将使银行丧失本应享有的对还贷人资信、还贷资格的审查权，不利于银行合法债权的保护。因此，一审法院将房屋判归原告所有，由原告给付被告相应补偿款的做法是正确的。

编写人：北京市宣武区人民法院　张秦灵

十五、吕佳剑诉范玲离婚纠纷案

原告（上诉人）名称：吕佳剑

被告（被上诉人）名称：范　玲

一审情况

一、一审诉辩主张

原告诉称：原、被告于 2003 年 5 月相识、恋爱，2003 年 10 月至 2004 年 1 月，被告范玲以其名义办理土地使用证、房屋准建证手续申请建盖房屋，土地使用权属被告所有，由原告出资建盖了宣威电厂莱街移民小区 16 号房并由原告出资装修，该房经宣发改价鉴（2007）7 号价格鉴定土地价格为25271.20 元，房产价格为 157733.33 元。原、被告于 2004 年 8 月 26 日登记结婚，婚后未生育子女。由于夫妻感情不和，原、被告自 2007 年 2 月分居至今，现夫妻感情已彻底破裂，现请求：1. 解除原、被告的婚姻关系。2. 共同财产房屋两间归被告所有，由被告补偿原告建房款 157733.33 元。3. 夫妻共同财产价值 24000 元平均分割，评估费 1500 元由被告承担。

被告辩称：我和原告的夫妻感情并未破裂，我不同意离婚。建房时我拿了 6 万元给原告，原告根本没有借着 12 万元，房子也没有盖掉 12 万元。还有我与他购买的财产也不符合，桌子等物是我家拿木料去做的，不是他的东西。

二、一审法院认定事实

原告吕佳剑为证实自己的诉讼主张，提供了以下证据：

第一组：用以证明争议房屋的真实性及房屋由原告施工，

材料及工钱由原告支付。包括：

1. 房屋照片2张；

2. 建房协议一份；

3. 建房施工费收条2张；

4. 红砖付款收据1张；

5. 水泥付款单1张；

6. 沙石付款收据2张；

7. 钢筋付款收据1张。

第二组：包括鉴定书一份、鉴定费收据一份，用以证明争议房屋的地价为25271.20元，房屋价格为157733.33元，合计价值183004.53元，价格认证费为1500元。

第三组：申请证人刘金伦、秦本令、周军、吕维汝出庭作证。

1. 证人刘金伦证实：原、被告争议的房屋由我施工，钱是由吕维汝支付，所有材料是吕维汝进的。开工时间是2003年10月21日，完工时间是2004年1月14日，我还有一个原始的考勤记录。我与吕维汝签订过一个协议，原件这一份协议是我写的，复印件不是。拉料是小老五和周军，验收材料是秦本令，工价是85元。签协议于施工之间有20天左右，用去约10万片砖、50方公分石、钢筋约10吨，建房当时总的用掉约十四五万元，包含施工费和材料费。

2. 证人秦本令证实：工程是刘金伦承包建筑，材料款是吕佳剑家支付，我负责收料，材料是周军和另外一个不知名字的人拉。水泥和砖是拉一车付一车款，钱是吕维汝支付的。工程造价好像是85元一个平方米。我不认识耿传锐，公分石和钢筋用掉多少记不得。

3. 证人周军证实：原告吕佳剑建房是吕维汝出的钱，我帮着拉料，还有另外一人用农用车拉着四五车，我的运费是秦本令拿给我，原则上说是吕维汝付的。料拉了多少记不得，砖大约是八九万片。

4. 证人吕维汝证实：我是吕佳剑的父亲。电厂那个房屋是我出钱给吕佳剑建的，当时我手头有五六万元，别的钱是我找人借的，借款11万元，房屋建成后，我当时交代吕佳剑以后要还我钱。建房的人是我请去的，签订了施工协议，单价85元一个平方米。范玲家没有出钱。借款是以我的名义借，还钱要吕佳剑还，借款全部用于建房，建房共用去16万多元。我与刘金伦签订过两份协议，第一份是65元一个平方米，施工人说做不下来，后来又签订第二份，工价是85元一个平方米。我出钱建房是因为2003年我儿子在火电公司上班，范玲在那儿有点地，他们两个谈恋爱、订婚以后，我出钱给他们建的。

经质证，被告范玲认为，对第一组证据中的照片没有异议；建房协议是后来补的，不真实，当时的工价为65元一个平方米；施工费收据不真实；红砖收据不真实，时间不合，也用不掉这么多砖；水泥收据不符合，时间不合，数量用不掉；沙石料和钢筋也同前面一样。对第二组证据的鉴定结论和收据不予认可，该结论属于无效鉴定，并且从原告提交的证据看，所有的款项也才有十万元，还有三万元哪里去了，原告一开始就在作假，故不予认可。对证人证言，有真实的一面，也有不真实的一面。刘金伦陈述只有一个协议，而吕维汝陈述有两个协议，证人也不能证实材料问题，证人证言不能作为认定案件事实的依据。

被告为证实自己的主张，提交了以下证据：

第一组：书证。

1. 土地准建证及办证相关费用收据等共9张，用以证明房屋系范玲婚前所办理证件，属范玲所有。

2. 收据一份，用以证明范玲于2001年12月1日补偿给钱荣玲共用墙补偿款2016元。

3. 张怀宇和耿成怀的书面证言，用以证明房屋土地证属范玲所有。

4. 宣威市公安局宛水派出所回执一份，用以证明2007年5月7日范玲家被盗及被盗的财物。

5. 建房协议一份，用以证明房屋造价为85元一个平方米，建房时间是2003年10月18日。

第二组：申请证人包乔菊、范丽出庭作证。

1. 证人包乔菊证实：我系范玲母亲。原、被告是2003年农历9月16日订婚，订婚后，我借了40000元钱给范玲，加上范丽借20000元，当天晚上拿了60000元给吕佳剑去盖房子。

2. 证人范丽证实：我系范玲妹妹。我姐姐范玲在她与吕佳剑订婚后一个星期左右拿60000元钱给吕佳剑盖房子，钱如何来的我不知道，我只知道是60000元，我在场。我没有借过钱给范玲，我妈借多少钱给范玲我不知道。我借过范玲20000元，是盖房子后，我女儿有两岁半时。我借20000元给我姐姐是在她结婚之前，这个钱只有我与我姐姐知道，并且也不是建房子中的20000元。

经质证，原告认为，对被告提交的第一组证据中的第一、二、三份没有异议，对第四份证据的真实性无异议，但不能证明被告的主张，对第五份证据有异议，不能证明被告的主张。对第二组证据的证人证言有异议，认为证人与被告属利害关系人，且证人证言相互矛盾，不能证明被告的主张。

对原、被告提交的上述证据，本院认为，原告吕佳剑提交的第一组证据为照片、建房协议及有关建房材料收据，与其第三组证据的证人证言能相互印证，能够证明在原、被告确立婚约关系后，原告吕佳剑之父与刘金伦签订建房协议，由吕佳剑及其父出资购买材料、支付工钱建成宣威电厂移民小区现原、被告的住房，本院对其第一、三组证据的真实性、合法性和关联性予以确认；对原告提交的第二组证据即房屋价格鉴定报告及价格认证费收据，能证明原、被告居住房屋的地价为25271.20元，房屋价格为157733.33元，合计183004.53元，价格认证费为1500元，对其真实生、合法性、关联性，本院予以认定。对被告范玲提交的第一组证据中的土地准建证及办证费用收据、共用墙补偿款收据，其真实合法，能证明原、被告居住的房屋的土地使用权系范玲婚前即拥有，同时证明范玲对该房屋亦出部分资金参与建设，原告吕佳剑对该土地使用权原属范玲亦无异议，本院对该二组证据予以确认；对张怀宇和耿成怀的书面证言，其来源不能确认，同时其他证据已能证实住房土地使用权原属范玲，本院对该组证据不予采信；对宣威市公安局宛水派出所接待报警案件三联单回执，其来源真实合法，能证明原、被告家中财物于2007年5月7日被盗，被告范玲报称，电视机一台、功放机一台、影碟机一台、电动摩托车一辆、洗衣机一台等物品被盗，本院对该回执真实性予以采信；对范玲提交的建房协议，因其系复印件，证人刘金伦对该协议予以否认，本院不予认定。对包乔菊及范丽的证言，证言相互矛盾，证人陈述前后矛盾，该二位证人系被告范玲亲属，证据效力低，又无其他证据予以佐证，本院不予采信。

综合庭审举证、质证和当事人陈述，本院确认如下法律事实：

原告吕佳剑与被告范玲于2003年8月经他人介绍认识，2003年11月确立婚约关系，2004年8月26日登记结婚，婚后未生育子女。原、被告婚后为生活琐事多次吵闹，夫妻相处不睦。2007年2月，原告离开家庭，夫妻分居至今。为此，原告吕佳剑于2007年8月20日起诉来院，要求与被告范玲离婚。

另查明，原告吕佳剑与被告范玲于2003年11月确立婚约关系后，于当月起至2004年1月在宣威电厂移民小区内电厂划给范玲的土地上建盖房屋两间，该房为砖混结构，一楼一底，占地120平方米，现无门牌。建盖房屋主要由吕佳剑之父与施工人刘金伦签订建房协议，由吕佳剑及其父出资购买材料、支付工钱，被告范玲交纳土地使用费、办理有关证件，并支付共用墙补偿款等费用。经宣威市发展和改革局价格认证中心宣发改价鉴（2007）7号价格鉴定结论书认证，该房地价为25271.20元，房屋价格为157733.33元，合计价值183004.53元，价格认证费为1500元。原告吕佳剑有如下个人财产：席梦思床一张、转角沙发一组（9个）、太阳能热水器一台（价值约2600元）。原、被告另有如下共同财产：厦新牌34寸彩电一台、抽水机一台、抽油烟机一台、茶几一张、电动机一台、沙发一组、家庭影院功放机一台、组合音响一套、电视柜一个、六门柜一个、实木餐桌一套，合计价值约19600元。原、被告无存款、债权及夫妻共同债务。

三、一审法院判案理由

云南省宣威市人民法院经审理认为，原告吕佳剑及被告范玲婚后因生活琐事多次吵闹，夫妻相处不睦，自2007年2月长期分居，夫妻关系名存实亡，双方将夫妻感情与财产利益挂钩，显属难以再共同生活，夫妻感情确已破裂，依法应准予离婚。关于原、被告争议的房屋，在双方确立婚约关系前，其土地使用权已由范玲取得，属范玲个人财产范围，在双方确立婚约关系后，为结成夫妻的目的在该地块上建盖房屋，原、被告为建设该房均不同程度出资建盖和办理有关手续，现双方对各自出资多少有较大争议，均没有充足证据证明出资份额，故不能认定房屋为按份共有关系，只能认定为共同共有关系，对该房屋共同享有所有权。由于该房系双方未正式登记结为夫妻前所建，不应认定为夫妻共同财产，而是具有特殊关系的共同财产。根据房屋实际情况，土地使用权在双方建盖房屋前即已由范玲取得，属范玲个人所有。双方只对后建盖的房屋共同享有所有权，现双方已丧失共同共有的基础，对房屋应平均分割。按照我国有关法律规定，土地使用权与房屋所有权不能分离，故该房屋只能由一人享有，补偿另一人合理价款，依照双方实际情况，土地使用权已属范玲，房产证尚未办理，该房由被告范玲享有较为适宜，但范玲应补偿原告吕佳剑相应价款，该房的房屋部分经鉴定价值为 157733.33 元，范玲应补偿吕佳剑 78866.66 元。原、被告的夫妻共同财产中，被告范玲列举宣威市公安局宛水派出所报警回执证明已被盗电视机一台、功放机一台、影碟机一台、电动摩托车一辆、洗衣机一台等物品，鉴于共同财产均在被告范玲处，其他财产价值难以准确认定，可酌情分割实物。

四、一审法院判决结果

云南省宣威市人民法院依照《中华人民共和国婚姻法》第三十二条、第三十九条、第四十一条及《中华人民共和国物权法》第九十五条、第九十九条之规定，判决：

(一)准予原告吕佳剑与被告范玲离婚。

(二)原告吕佳剑的个人财产席梦思床一张、转角沙发一组（9 个）归吕佳剑所有。

(三)原告吕佳剑与被告范玲在宣威电厂移民小区内的共同财产房屋两间（现暂无门牌）归范玲所有，由范玲补偿吕佳剑房屋折价款 78866.66 元。

(四)原告吕佳剑与被告范玲的夫妻共同财产组合音响一套、电视柜一个、抽水机一台、沙发一组归吕佳剑所有，其余归范玲所有。

(五)由范玲给付吕佳剑价格认证费 750 元。

案件受理费人民币 200 元，由吕佳剑负担 100 元，范玲负担 100 元。

二审情况

一、二审诉辩主张

上诉人吕佳剑上诉称：原审认定争议房屋为共同共有而不是按份共有，认定事实错误；按共同共有分割时，判决房屋归上诉人所有，但仅以争议房屋重置建造成本 157733.33 元在上诉人与被上诉人之间分割，而不是以争议房屋的全部价值分割，对上诉人不公平。

被上诉人范玲服判未作答辩。

二、二审法院认定事实

二审查明的事实与一审一致。

三、二审法院判案理由

原审人民法院所作判决恰当；对吕佳剑上诉主张对争议房屋应按按份共有及对房屋的全部价值进行分割的理由，因其不能举证证实确定各共有人的具体份额及因建盖房屋的土地是在上诉人吕佳剑与被上诉人范玲确立恋爱关系前即已取得，应属范玲个人所有，故其上诉理由依据不充分，不予支持。

四、二审法院判决结果

云南省曲靖市中级人民法院依据《中华人民共和国民事诉讼法》第一百五十三条第一款第（一）项之规定，判决如下：驳回上诉，维持原判。上诉案件受理费人民币 200 元，由吕佳剑负担。

辨法析理

本案认定夫妻感情破裂没有问题，唯对双方争议房屋性质的认定及如何分割存在不同认识，是按份共有还是共同共有，如果是共同共有，是夫妻共同财产还是其他性质的共有，因此有必要作出分析认定。

(一)共有是指两个或者两个以上的单位或者个人对同一不动产或者动产享有所有权。共有区分为按份共有和共同共有。

按份共有最重要的法律特征是共有人对共有物享有份额。所谓份额，是指共有人对共有物所有权所享有的比例，其数额一般由共有人事先约定，约定也多是按出资比例确定。按份共有关系中，共有人享有多少份额，通常应当依照共有发生的原因确定。基于当事人意思而产生的共有，则依当事人的意思决定。基于法律规定而产生的共有，则按法律的规定处理。如果不能依上述方法决定时，则应按《物权法》第一百零四条的规定处理，即“按份共有人对共有的不动产或者动产享有的份额，没有约定或者约定不明确的，按照出资额确定；不能确定出资额的，视为等额享有”。

共同共有是指各共有人根据共同关系，不分份额地共同享有对共有财产的权利。其法律特征是：第一，共同共有产生的基础是共同关系，有夫妻关系、家庭关系、遗产继承人关系等，没有共同关系这个基础，就不能发生共同共有关系，而按份共有产生的基础则不是共同关系。第二，共同共有的财产权利不分份额，共同共有的财产不分份额，而按份共有的财产是分份额的，这是共同共有与按份共有的主要区别，只要共同关系存在，共有人就不分份额地共同享有权利，只有在共同关系中止、共有财产分割以后，才能确定各共有人的份额。第三，各共同共有人对共有财产享有的权利和承担的义务平等。共同共有主要有以下几种：一是夫妻共有财产，这是最常见的共同共有。男女之间一旦缔结夫妻关系，除夫妻明确约定分别财产所有，否则对夫妻关系存续期间取得的财产一概认定为夫妻共同财产。二是家庭共有财产，是家庭成员在家庭共同生活关系存续期间共同创造、共同取得的共有财产。三是共同继承的遗产。四是其他共有财产，如家族共有的祠堂、学馆、学田、族产等，或者基于其他共同关系而产生的共有财产。

本案涉及的房屋的来源是，被告范玲在原、被告确立婚约关系前取得该房屋所占地点的土地使用权，原、被告于2003年11月方确立婚约关系，之后双方同居生活，但未登记结婚，在此期间，由原告方出资部分、被告方亦出资部分，共同建盖了现争议房屋。建盖房屋后，原、被告始登记结婚，因此，按现行法律规定，该房不属于夫妻共同财产，但显而易见，该房亦不属于谁人的个人财产，显然属于一种共有关系。该共有物双方在建盖前后和建盖过程中均未约定其权属性质是各自占有多少份额或者共同共有。从双方确立婚约关系后，才决定建造房屋居住，按照传统习俗，其在办理法定结婚登记手续前，可采取订婚等方式确立婚约关系。以缔结婚姻为目的，基于未来将发生的一种共同关系，共同建造房屋，应当认为系通过订婚方式建立了一种共同关系，在此基础上所建盖的房屋属共同财产，它不同于夫妻共同财产，但和夫妻共同财产相类似，更接近于合伙财产性质，是基于一种特殊共同关系而形成的共同财产。因此，认定其属于共同共有财产是准确的。

（二）对共同共有财产的分割，在共有人没有达成分割协议的情况下，应按照相等份额分割。共同共有人在共有基础丧失或者有其他重大理由需要分割共有财产时，可以请求分割共有物。共有的基础丧失，一般指共有人之间的相互关系，如夫妻关系、家庭成员关系等解体消失了，才存在丧失基础。基础丧失后，对共有物可以请求分割。本案双方当事人夫妻感情破裂，依法应准予离婚，其共同关系不再存在，自然应当分割夫妻共同财产和其他共同财产。如前所述，本案诉争房屋属于具有特殊关系的共同共有财产，如何确定该房屋的分割范围呢？按原则，房屋所有权和土地使用权不可分离，房随地走，地随房走。那么，被告范玲在双方建造房屋前所取得的土地使用权应否纳入共同共有财产的范围成为一个争议焦点，笔者认为不应当列入共有范围，因该土地使用权取得在先，其具有一定财产价值，属范玲个人行使，原、被告共同关系始于双方订婚后，所产生的共有物只是房屋，在分割房屋时应当遵循房地不分离的原则，由某人享有，补偿另一方，但认定共有范围则只能确定仅为房屋部分。故本案按照共同共有关系处理所涉房屋，符合法律的基本精神。

编写人：云南省宣威市人民法院　陈朝东

十六、赵应开诉刘花秀婚姻无效纠纷案

原告名称：赵应开

被告名称：刘花秀

一、诉辩主张

原告赵应开诉称：我与被告刘花秀系姑表兄妹关系，于1971年农历十二月二十八日按农村习俗举行婚礼结婚后，生育了一子一女，现女儿已成家立业，儿子已上大学二年级。多年来，由于被告性格粗暴，致使我们无法在一起相处，两个孩子一直由我抚养，现我们已多年未在一起生活。为此，特提起诉讼，请求宣告我们的婚姻无效并判决被告与我共同对孩子进行抚养，现在各人处的财产归各自所有。

被告刘花秀辩称：原告所诉我与其系姑表兄妹关系是事实，我与被告婚后相处一直都好，后来因被告在曲靖有了外遇才导致夫妻矛盾。现对财产分割、债务承担及对我的帮助和对孩子的抚养我要求按如下意见处理：我们在曲靖有两套房子原告只说有一套，现在云南模具二厂的一套要求归我所有；在云南模具二厂有股金23000元我应享有一半；在银行的存款20万元及帮其母修房子所用750元和债权1000元我应占1/2；我在医病所欠下的债务21000元和我借了给原告买房子欠下的债务70000元要原告承担一半；现我既无钱又生病，原告的工资要给我领取一半且要求原告一次性补助我人民币6万元；现在上大学的孩子赵志鹏在上大学期间所需费用由二人共同负担。

二、法院认定事实

宣威市人民法院经公开审理查明：原告赵应开与被告刘花秀系姑表兄妹关系，1971年农历12月28日，双方按农村习俗举行婚礼结婚，1978年农历12月30日生育长女赵春丽，现已独立生活；1983年8月23日生育长子赵志鹏，现在武汉交通大学上本科二年级。婚后，双方相处一般，在共同生活中，双方因生活琐事产生矛盾，致使双方相处不睦并长期分居。

另查明，在共同生活期间，双方在曲靖市麒麟区廖郭北路云南模具二厂A幢3单元5楼1号有约68平方米的单元房一套，在云南模具二厂有股金23000元；原告赵应开曾支付人民币750元给其父母修缮过房屋并有债权1000元；在宣威市田坝镇土木村委会2组建有砖木结构房一间，牛圈半间，但已属需搬迁的危房，刘花秀已领取了搬迁费3000元。原告于2006年5月2日向本院起诉，请求宣告与被告刘花秀的婚姻无效并判决被告与其共同对孩子进行抚养，现在各人处的财产归各自所有。

三、法院判案理由

宣威市人民法院经审理认为：《中华人民共和国婚姻法》第七条："有下列情形之一的，禁止结婚：（一）直系血亲和三代以内的旁系血亲；（二）患有医学上认为不应当结婚的疾病。"及第十条："有下列情形之一的，婚姻无效：（一）重婚的；（二）有禁止结婚的亲属关系的；（三）婚前患有医学上认为不应当结婚的疾病，婚后尚未治愈的；（四）未到法定婚龄的。"原告赵应开与被告刘花秀系姑表兄妹关系，属法律禁止结婚的情形，婚姻无效。《最高人民法院关于适用〈中华人民共和国婚姻法〉若干问题的解释（一）》第九条："人民法院审理宣告婚姻无效案件，对婚姻效力的审理不适用调解，应当依法作出判决；有关婚姻效力的判决一经作出，即发生法律效力。"根据《中华人民共和国婚姻法》第十二条规定，无效或被撤销的婚姻，自始无效。当事人不具有夫妻的权利和义务。同居期间所得的财产，由当事人协议处理；协议不成时，由人民法院根据照顾无过错方的原则判决。当事人所生的子女，适用本法有关父母子女的规定。第二十一条第一款“父母对子女有抚养教育的义务；子女对父母有赡养扶助的义务”的规定，原告赵应开与被告刘花秀所生孩子赵志鹏虽已成年，但其现在还在上大学二年级接受全日制教育，在其所需费用无来源的情况下，原、被告对赵志鹏所需费用均有负担的义务，为此，赵志鹏在上大学接受全日制教育期间所需费用，在其无来源的情况下，原、被告应共同负担。原、被告双方在同居期间所取得的财产，根据《最高人民法院关于适用〈中华人民共和国婚姻法〉若干问题的解释（一）》第十五条“被宣告无效或被撤销的婚姻，当事人同居期间所得的财产，按共同共有处理。但有证据证明为当事人一方所有的除外”之规定，属共同共有财产，依法应平均分割，双方在曲靖市麒麟区廖郭北路云南模具二厂的A幢3单元5楼1号单元房一套和房内财产，本院考虑居住的方便和双方所备价格，本院酌情考虑由原告补给被告人民币60000元后即归原告所有；股金23000元及债权1000元应平均享有；在宣威市田坝镇土木村委会2组的砖木结构房一间及房内财产和牛圈半间，因房屋已属需搬迁的危房，本院考虑管理归属的方便，由被告补给原告人民币1000元后即归被告所有，被告所领取的搬迁补偿费人民币3000元应分给原告1500元。原告提出其有债务67000元及被告在宣威市田坝镇土木村委会2组建了平房三间之主张，因其未提供证据证明，被告又予以否认，故本院不予确认和支持。被告提出其有债务91000元、原告在曲靖市麒麟区南宁路建安公司4幢7楼有单元房一套且有存款20万元之主张，因其未提供证据证明，被告又予以否认，故本院亦不予确认和支持；提出原告赵应开出过人民币750元给其父母修缮过房屋，其应享受一半的主张，因赵应开出钱给其父母修房屋属尽义务，故其主张不能成立，本院不予支持；要求领取原告一半工资并要求原告一次性补助其人民币 6 万元的主张，因当事人双方不具有夫妻的权利和义务，故要求没有法律依据，其主张依法不能成立。

四、法院判决结果

宣威市人民法院依照《中华人民共和国婚姻法》第七条、第十条、第十二条、第二十一条第一款及《最高人民法院关于适用〈中华人民共和国婚姻法〉若干问题的解释（一）》第九条、第十五条，《最高人民法院关于适用〈中华人民共和国婚姻法〉若干问题的解释（二）》第四条关于“人民法院审理无效婚姻案件，涉及财产分割和子女抚养的，应当对婚姻效力的认定和其他纠纷的处理分别制作裁判文书”之规定，分别作出如下判决：

（一）宣告原告赵应开与被告刘花秀的婚姻无效。

（二）1. 原告赵应开与被告刘花秀所生孩子赵志鹏在上大学接受全日制教育期间所需费用，在其没有来源的情况下，由原、被告共同负担。

2. 由原告赵应开补给被告刘花秀人民币 72000 元，双方在曲靖市麒麟区廖郭北路云南模具二厂 A 幢 3 单元 5 楼 1 号单元房一套及房内财产和股金 23000 元以及债权 1000 元归原告赵应开所有；由被告刘花秀补给原告赵应开人民币 2500 元，双方在宣威市田坝镇土木村委会 2 组的砖木结构房一间及房内财产和牛圈半间以及刘花秀已领取了搬迁费 3000 元归被告刘花秀所有。

3. 以各人名义所欠债务，由各人负责偿还。

案件受理费人民币 50 元，其他诉讼费人民币 150 元，合计 200 元。原、被告各负担 100 元。

辨法析理

本案系普通的婚姻家庭案件，但在实践中应注意以下三个方面的问题：（一）人民法院审理宣告婚姻无效案件，对婚姻效力的审理不适用调解，应当依法作出判决；有关婚姻效力的判决一经作出，即发生法律效力。即无效婚姻案件对婚姻效力的审理从程序上讲是一审终审，当事人没有上诉权。（二）无效或被撤销的婚姻，自始无效。当事人不具有夫妻的权利和义务。同居期间所得的财产，由当事人协议处理；协议不成时，由人民法院根据照顾无过错方的原则判决。当事人所生的子女，适用本法有关父母子女的规定。被宣告无效或被撤销的婚姻，当事人同居期间所得的财产，按共同共有处理，但有证据证明为当事人一方所有的除外。就本案而言，被告要求支付生活费的主张因双方不具有夫妻的权利和义务而未得到支持。（三）人民法院审理无效婚姻案件，涉及财产分割和子女抚养的，应当对婚姻效力的认定和其他纠纷的处理分别制作裁判文书。即同一字号从形式上应分别就婚姻效力的认定和其他纠纷的处理作出两份不同性质、不同内容、不同效力的裁判文书。

编写人：云南省宣威市人民法院　王正义

十七、许芳芳诉许腊春等赠与合同纠纷案

原告名称：许芳芳

被告名称：许腊春

被告名称：谢粉美

一、诉辩主张

原告人及其委托代理人诉称：1997 年 4 月，我父亲许腊春和母亲谢粉美自愿离婚，当时我年仅 12 岁。离婚时，我父母约定将金坛市北戴庄 195 号房屋中间一上一下赠给我，我随父亲生活。后房屋一直未过户。现我已成年，我多次要求父母将有关房屋过户至我名下未果。故我起诉要求被告履行合同，将赠给我的房屋过户至我名下。

被告辩称：许腊春：我不识字，离婚协议是谢粉美叫人写的，她叫我按手印我就按了。

谢粉美：我同意原告的诉讼请求。

二、法院认定事实

金坛市人民法院经公开审理查明：1997 年 4 月 21 日，被告许腊春与谢粉美协议离婚，双方约定：女儿许芳芳随许腊春生活，金坛市金城镇北戴庄 195 号（三间两层）东一上一下归许腊春、西一上一下归谢粉美、中间一上一下归许芳芳。后有关房屋一直未办理产权变更登记手续。原告许芳芳成年后多次要求被告办理过户手续未成，遂于 2007 年 10 月 12 日诉来本院。

上述事实有下列证据证明：

1. 当事人陈述。

2. 书证：当事人离婚申请书、协议书。

三、法院判案理由

金坛法院审理认为，赠与合同是赠与人将自己的财产无偿给予受赠人，受赠人表示接受赠与的合同。当事人应当遵循诚实信用原则按照约定全面履行自己的义务。两被告离婚时约定将有关房产赠给女儿，应当按承诺将有关房产登记至女儿名下。故原告要求两被告履行过户义务符合法律规定，该请求应予支持。

四、法院判案结果

金坛市人民法院依照《中华人民共和国民事诉讼法》第一百二十八条、《中华人民共和国合同法》第六十条、第一百八十五条之规定，作出如下判决：

被告许腊春、谢粉美于本判决生效之日起 20 日内履行过户义务，将金坛市金城镇北戴庄 195 号房屋中间一上一下登记归原告许芳芳所有。

案件受理费人民币 40 元（已减半），由被告许腊春、谢粉美负担。

辨法析理

夫妻双方在离婚案件中将共同财产赠与给未成年子女的情况比较常见。对于赠与是否可以撤销，法律没有作出明确规定，理论界和实务界存在分歧，实践中的做法也不统一。本案中，对被告许腊春是否要履行过户手续存在两种对立意见。一种意见认为，我国《合同法》第一百八十六条规定：赠与人在赠与财产的权利转移之前可以撤销赠与。具有救灾、扶贫等社会公益、道德义务性质的赠与合同或者经过公证的赠与合同，不适用前款规定。根据该条规定，虽然许腊春在离婚协议中将房屋赠与给女儿许芳芳，但房屋尚未过户，所有权尚未转移，赠与协议的效力尚处于待定状态，且不符合不能撤销赠与的几种情形，其有权撤回该赠与。对立意见认为，虽然该房屋没有过户，但协议已签订 12 年，被告没有对该赠与提出异议，当事人应当遵循诚实信用原则按照约定全面履行自己的义务，履行过户手续。笔者赞同第二种意见。

（一）从法律适用上考察，该赠与合同合法、有效。

我国《合同法》第一百八十五条规定：赠与合同是赠与人将自己的财产无偿给予受赠人，受赠人表示接受赠与的合同。《最高人民法院关于贯彻执行〈中华人民共和国民法通则〉若干问题的意见》第一百二十八条规定：公民之间赠与关系的成立，以赠与财产的交付为准。赠与房屋，如根据书面赠与合同办理过户手续的，应当认定赠与关系成立；未办理过户手续，但赠与人根据书面赠与合同已将产权证交与受赠人，受赠人根据赠与合同占有、使用该房屋的，可以认定赠与有效，但应令其补办过户手续。第一百二十九条规定：赠与人明确表示将赠与物赠给未成年人个人的，应当认定该赠与物为未成年人的个人财产。本案中，父母双方离婚协议中对未成年人进行赠与时，是合同赠与的一方，同时，作为监护人也是对该赠与房屋进行管理的一方。笔者认为，离婚中对未成年人的赠与合同与一般赠与合同存在区别，这种赠与主体与管理主体的统一性，使得这种赠与在协议成立后即生效，受赠人为未成年人，法定代理人的赠与行为与受赠人的接受行为是同一的，由于这种同一性，未办理过户手续并不能成为合同效力待定的理由。如果认定在过户前，赠与人随时具有撤回权，这种赠与协议便完全失去了存在的意义。

（二）从合同的实际履行情况上考察，该赠与合同有履行的可能性和必要性。

本案中的赠与合同成立于 12 年前，当时未成年人的财产由监护人管理。当被赠与人成年后，具有了相应的民事行为能力，则可以要求被告履行赠与协议的内容。在赠与合同成立以后12年中，被告没有对该赠与合同提出异议，而在未成年子女成年后，却不愿履行该赠与，有违诚实信用原则。同时，结合该案件的具体案情，赠与的标的物是可分的。协议约定：金坛市金城镇北戴庄195号（三间两层）东一上一下归许腊春、西一上一下归谢粉美、中间一上一下归许芳芳。该赠与的履行具有履行上的可行性，并不会严重影响赠与人生产经营或者家庭生活。同时由于被告长期以来都没有对该赠与提出异议，根据民法上的诚实信用原则，该协议也具有履行上的必要性。

（三）从法律效果上考察，判决该赠与合同履行能产生比较好的社会效益。

离婚协议中父母双方对未成年子女赠与的特殊性在于：父母既是财产赠与的主体，也是管理财产的监护人。由于我国相关法律与司法解释对这种特殊的具有人身关系依附性的赠与关系没有作出法律规定，使得这种赠与具有一定的不确定性。夫妻双方在离婚时，通常对婚姻共同财产的处理不能达成一致意见，在这种情形下，双方或一方可能会通过将财产赠与给未成年子女的方式来规避法律对财产的处理。本案也不能完全否定这种可能性。在这种情况下，对婚姻财产关系处理的不彻底性会带来一系列的诉讼与矛盾。确认这种赠与的履行义务，能够清楚地确定权利义务关系，避免对同一标的重复诉讼，节约诉讼资源，减少当事人诉累。

综上，笔者认为，本案的判决抓住了婚姻赠与的特殊要点，判决准确适当。

编写人：江苏省金坛市人民法院　汤丽娜

十八、陈洁芳诉李健祥探望权执行费负担纠纷案

申请执行人（原告）：陈洁芳

被执行人（被告）：李健祥

一、法院认定事实

原告陈洁芳与被告李健祥于 2001 年 2 月 14 日登记结婚，同年 11 月生育儿子李俊铭。后因感情不和，双方协商达成离婚协议，并于 2005 年 12 月 27 日在西南镇政府办理离婚手续。离婚协议书第四点明确“女方可每星期探望儿子一次”。后因被告不准原告带儿子外出，致引起纠纷。原告为此于 2006 年 3 月 24 日向广东省佛山市三水区人民法院起诉，请求判令被告允许原告一星期探望儿子一次，并可以带儿子回家住一天。

二、法院判案理由

广东省佛山市三水区人民法院于 2006 年 3 月 14 日立案受理该案后，依法由审判员叶少敏适用简易程序独任审判，于 2006 年 4 月 13 日公开开庭进行了审理。该院经审理，依据《中华人民共和国民事诉讼法》第六十四条、《中华人民共和国婚姻法》第三十八条的规定，作出如下判决：“（一）原告陈洁芳每星期可探望儿子李俊铭一天，在每星期的周日 9 时至 19 时由原告陈洁芳携带照顾儿子李俊铭，被告李健祥有协助原告陈洁芳探望儿子的义务。陈洁芳每次探望儿子李俊铭均由陈洁芳到李健祥的住处接送；（二）驳回原告陈洁芳的其他诉讼请求。”

三、执行情况

申请执行人陈洁芳依广东省佛山市三水区人民法院作出的

(2006) 三法民壹初字第439号民事判决取得儿子李俊铭的探视权后，于2007年4月11日以被执行人阻挠其行使探视权为由，向广东省佛山市三水区人民法院申请强制执行，要求依法行使探视权。具体要求为：申请执行人陈洁芳每星期可探望儿子李俊铭一天，在每星期的周日9时至19时由其携带照顾儿子李俊铭，被执行人李健祥有协助申请执行人陈洁芳探望儿子的义务。申请执行人陈洁芳每次探望儿子李俊铭均由其到被执行人李健祥的住处接送。广东省佛山市三水区人民法院经审查后于同日受理了该执行案件，并移交执行机构执行。申请执行人陈洁芳坚称被执行人李健祥及其家人阻挠其探望儿子李俊铭；但被执行人李健祥则称，他在外地打工，平时主要由其父母负责照料儿子李俊铭，从法院判决生效起，他与家人从无阻挠过申请人探望儿子，相反，陈洁芳从来没有提出过携带儿子的主张。李健祥亦同意带儿子李俊铭来执行局，让申请人行使探视权。但因他从来没有阻拦过陈洁芳履行探视权，而陈洁芳也未提出过携带照顾儿子，故其称不上没有履行其协助陈洁芳探望儿子的义务，故不同意承担该案的500元执行费。申请执行人提出其有证人可证明被执行人及其家人阻止其行使探视权，请求法院就此调查取证，但证人拒绝作证。后双方达成如下和解协议：申请执行人暂不要求被执行人履行判决确定的义务；被执行人同意申请人至幼儿园探望儿子李俊铭。但对于执行费的负担问题，双方谁也不让步，亦不同意两人对半负担，一直僵持不下。后被执行人李健祥提出生活困难，无能力交纳执行费，请求免除执行费。法院经审查后情况属实，决定免除该案的执行费。

辨法析理

该案是一件再普通不过的探视权纠纷案件，像其他所有同类型执行案件一样，一方当事人向法院要求行使探视权，法院通过执行措施保障了其合法权益的顺利行使，整个执行流程并没有惊天骇浪，也没有波折重重。但双方当事人对执行费负担问题的执著，令我们不得不正视探视权执行费负担问题。对于该案的执行费负担问题，存在三种不同的意见，第一种意见认为应由被执行人李健祥负担，因为法律明确规定由被执行人承担执行费，李健祥作为本案的被执行人，承担执行费自不待言。第二种意见认为应由申请人陈洁芳承担执行费，因为被执行人否认拒绝履行义务的事实，而申请执行人无证据证明，申请执行人该为其不正当的诉讼行为负担成本。第三种意见认为出于公平应由双方对半负担，这是典型的折中说。笔者同意第二种意见。理由如下：

（一）从执行费的负担政策、价值导向来看，被执行人李健祥承担执行费的前提是其存在拒不自觉履行协助义务的情形。所谓的执行费，即《诉讼费用交纳办法》所称的申请费之一，是指当事人申请人民法院执行应交纳的费用，具有税收的性质，它属于执行费用的一种，它是当事人为了实现生效的法律文书确定的权利而支出，由实施执行行为而产生。根据《诉讼费用交纳办法》第三十八条“执行费由被执行人负担，执行中当事人达成和解协议的，该费用的负担由双方当事人协商解决，协商不成的，由人民法院决定”以及最高人民法院《〈人民法院诉讼收费办法〉补充规定》第二条第一款“申请执行费和执行中实际支出的费用由拒不自觉履行人民法院有效裁判文书的被申请当事人负担”，执行程序不是诉讼中的必经程序，只有当负有义务的一方当事人不自觉履行生效的法律文书所确定的义务的时候，才会引起执行程序，才会导致执行成本的产生。一言以概之，除双方当事人另有约定外，执行费应由生效的法律文书所确定的负有义务但却不自觉履行义务的被执行人承担。具体到本案，由于被执行人否认拒绝履行义务的事实，双方和解也未能就执行费问题达成共识，解决本案执行费负担问题的关键就在于证明被执行人拒不自觉履行义务这一事实是否存在，那么，证明责任在谁呢？

（二）从举证责任的分配规则来看，上述证明责任应分给申请执行人陈洁芳。在执行程序中，按照“谁主张，谁举证”的一般原则，申请执行人在申请执行时需履行的举证责任是：他是适格权利人；法律文书已生效且文书确定的履行期限已届满。如被执行人主张已履行了义务，则需对其主张进行举证。但在司法实践中，抽象地恪守“谁主张，谁举证”的原则，静态地考虑举证责任的分配，忽视举证责任的动态过程，势必会产生对当事人不公平的现象，因为这实际上否定了某些当事人的司法救济权，而且这也不利于弘扬诚实信用的社会风气。具体到本案，被执行人李健祥在预见举证不能的不利法律后果（承担执行费）的情形下，故意贻怠举证，以一般社会标准衡量，实属划不来。再者，极端一点来讲，假如申请执行人一直没有跟他提出过探望的要求，那他进入执行程序后将如何进行举证？在这种情形下，课以他就其已自觉履行协助义务进行举证的责任近乎苛刻。另外，被执行人否认，申请执行人单纯地申请执行而什么都没有提供，是不能让法官确信该待证事实存在的可能性明显大于不存在的可能性，如果申请执行人仍坚持原来的主张，将会引起举证责任转移，其必须提供补强证据。而且，申请执行人完全具备对被执行人没有自觉履行协助义务进行初步举证的举证能力且其举证的相对成本较低，比如，邀请村干部或其他无利害关系人（如幼儿园老师、同事等）见证。因此，将举证责任分配给更容易举证的申请执行人陈洁芳，不仅公平，而且节省举证成本。

（三）从实际效果来看，确有必要将举证责任分配给申请执行人陈洁芳。一方面，从法益实现的角度来看，执行人员把李俊铭从被执行人李健祥手里带给申请执行人陈洁芳探望，达到了申请执行人付出成本所期待的最终结果，申请执行人为实际受益者，在没办法证明被执行人没有自觉履行义务的前提下由其负担执行成本也是合乎情理的。另一方面，从保护当事人利益的角度来看，规定由义务人支付当事人的执行成本是必要的，但这只限于权利人实施正当的诉讼行为所支出的费用，对于因当事人不正当的诉讼行为所支出的费用，应由该当事人自行负担，故课以举证不能的申请执行人承担执行费实际上是对滥用权利的申请执行人的一种经济制裁，具有一定的惩罚性。这不但可以增强当事人的法制观念，而且还可以避免助长当事人滥用司法资源的歪风，也可以抑制申请执行人通过随意启动执行程序对自觉履行义务的当事人进行报复性、粗暴性的权利掠夺。

结语：在探视权纠纷案件中对被执行人拒不自觉履行义务的举证责任的分配上，我们不能片面强调单方责任，不能把被执行人消极否认所引起的举证责任直接分配给他，而是由申请人积极地对自己提出的主张负举证责任，将其初步举证责任明晰化，使举证责任在双方当事人之间合理分配，既体现了当事人诉讼地位平等的原则，又有利于查明案件事实，彰显社会公平和正义，维护当事人的合法权益。由于本案的申请人陈洁芳无法提供证据证明被执行人李健祥拒不自觉履行协助其探望儿子的义务，故其应当承担举证不能的不利风险，即承担本案的执行费。

编写人：广东省佛山市三水区人民法院　陆绮萍

十九、刘莉诉刘及时赠与合同纠纷案

原告名称：刘　莉

被告名称：刘及时

一、诉辩主张

原告刘莉诉称：其是被告和荀爱琴的婚生女儿。2006 年 8 月 30 日，被告和荀爱琴离婚时约定：坐落在周城镇金山村委西安村 19 号一间半楼房、平房一间归刘莉所有。现诉至法院，要求被告办理将坐落在周城镇金山村委西安村 19 号一间半楼房、平房一间过户给原告的手续。

被告刘及时辩称：当时与荀爱琴离婚时是同意将房屋赠与女儿，现在不同意将房屋赠与原告，不同意办理房屋过户手续。

二、法院认定事实

江苏省溧阳市人民法院经公开审理查明：刘及时与荀爱琴原系夫妻关系，其在婚后生育一女儿，取名刘莉（即本案原告）。刘及时与荀爱琴婚姻关系存续期间，双方对坐落于溧阳市周城镇金山村委西安村 19 号的房屋共同享有所有权。2006 年 8 月 30 日，刘及时与荀爱琴在民政部门登记协议离婚，离婚协议书中载明“坐落在周城镇金山村委西安村 19 号一间二层半楼房及平房一间归女儿刘莉所有”。嗣后，刘及时反悔，不同意再将该房屋赠与原告，并迟迟不办理房产过户手续，引发讼争。为此，原告刘莉于 2007 年 2 月 9 日诉至法院，要求被告将坐落在周城镇金山村委西安村 19 号一间半楼房、平房一间办理过户给原告。

三、法院判案理由

江苏省溧阳市人民法院经审理认为：刘及时与荀爱琴在离婚时决定将共同享有所有权的房屋归女儿刘莉所有，即刘及时与荀爱琴将自己的财产无偿赠与刘莉，刘及时、荀爱琴与刘莉间的赠与合同成立。赠与房产，应依法办理相关产权转移登记手续。本案中，刘及时作为赠与人之一，在赠与财产的权利转移前明确表示不再同意将房屋赠与刘莉，视为撤销了其享有份额部分房产的赠与，依法应予准许。现刘莉要求刘及时办理赠与房屋的过户手续，于法无据，不予支持。

四、法院判决结果

江苏省溧阳市人民法院依照《中华人民共和国合同法》第八条、第四十四条第一款、第六十条第一款、第一百八十六条及相关民事法律政策之规定，作出如下判决：

驳回原告刘莉的诉讼请求。

案件受理费 50 元，实际支出费 700 元，合计人民币 750 元，由原告刘莉负担。

一审判决作出后，原、被告均未提出上诉，一审判决发生法律效力。

辨法析理

赠与合同中涉及的赠与财产在产权转移时依法需要办理相关登记等手续的，应当办理相关手续，在赠与的不动产财产权利转移之前赠与人可以撤销赠与。

现行《中华人民共和国合同法》第一百八十六条规定：赠与人在赠与财产的权利转移之前可以撤销赠与。该条规定明确了我国合同法中关于赠与合同的任意撤销权问题。本案中涉及的坐落在周城镇金山村委西安村 19 号一间半楼房、平房一间系被告刘及时与其前妻荀爱琴共同所有的财产，双方在民政部门办理协议离婚时将共同共有的房屋赠与其女儿，并签订了赠与合同，但迟迟不办理房屋产权的过户手续，故原告诉至法院，欲寻求法律救济。而被告在诉前已明确表示撤销原来对女儿的房产赠与合同，不给予办理房产过户手续。

该案实际上涉及两个法律关系：一个是赠与合同法律关系，另一是有关不动产物权变动法律关系。依照《中华人民共和国合同法》第一百八十五条规定："赠与合同是赠与人将自己的财产无偿给予受赠人，受赠人表示接受赠与的合同。"该条明确规定了赠与合同的定义，在本案中，各方当事人对此不存在任何异议。但原告的诉请能否得到法院的支持，关键点是判断本案被告是否有权撤销原来的赠与合同。

对此，在案件审理中有两种观点：

一种观点认为，赠与合同是诺成性合同，赠与人与受赠人双方就赠与事宜达成一致，双方达成合意后即视为合同成立有效。本案原告系刘及时与其前妻荀爱琴的女儿，刘及时与荀爱琴在协议离婚时决定将共同享有所有权的房屋赠与女儿刘莉，刘莉当时属无民事行为能力人，父母系其法定代理人，而法定代理人的行为只要不损害被监护人的合法权益即为有效，所以刘及时、荀爱琴与刘莉间的赠与合同有效。为此，赠与人应当按照其所作出的赠与承诺履行赠与房产的义务，故应判令被告依法办理相关产权转移登记手续。

另一种观点认为，赠与房产涉及不动产产权，依照法律规定应办理相关产权转移登记手续。本案中刘及时作为赠与人之一，在赠与财产的权利转移前明确表示不再同意将房屋赠与给刘莉，视为撤销了其享有份额部分房产的赠与。现刘莉要求刘及时办理赠与房屋的过户手续，缺乏法律依据，不应支持，应判决驳回原告刘莉的诉讼请求。

法院最后采纳了第二种观点，主要理由如下：

（一）原告刘莉与其父刘及时、其母荀爱琴的赠与合同成立。

对于赠与合同的成立生效问题，实践中有两种不同意见：一种意见认为赠与合同为实践性合同，即以实际交付财产为合同成立的要件；另一种意见认为赠与合同为诺成性合同，即只要一方发出赠与的要约，而另一方作出同意接受赠与的意思表示，则赠与合同即告成立。第二种意见已日渐成为主流，即赠与合同是诺成性合同，主要基于以下三点理由：

1. 赠与合同是诺成性合同的观点符合合同法关于合同的订立与合同的效力的规定。

《中华人民共和国合同法》第十六条规定：要约到达受要约人时生效。《中华人民共和国合同法》第二十五条规定：承诺生效时合同成立。该法第四十四条第一款规定：依法成立的合同，自成立时生效。根据这三条法律规定，笔者认为，只要赠与人向受赠人发出赠与财产的要约，而受赠人作出了接受赠与财产的承诺，此时赠与合同即告成立，并且这种已经成立的合同没有违反《中华人民共和国合同法》第五十二条规定的情形，所以赠与合同经受赠方同意后即发生法律效力。

2. 赠与合同是诺成性合同的观点符合合同法关于赠与合同的规定。

《中华人民共和国合同法》第一百八十六条规定，赠与人在赠与财产的权利转移之前可以撤销赠与。根据此条规定，赠与合同在赠与人将财产支付给受赠人之前已经依法成立生效，否则，就不存在赠与人撤销赠与的问题。

3. 赠与合同是诺成性合同的观点符合合同法立法本

意。

全国人大常委会法制工作委员会主任顾昂然在合同法颁布施行讲话中指出：赠与合同什么时候生效，有些国家把赠与合同作为实践合同，也就是说，当赠与人将财产交给受赠人时合同才生效。我们没有采取这种制度，而是从合同依法成立时生效。这是《中华人民共和国合同法》第一百八十五条的立法本意，也体现了赠与合同是诺成性合同。

综上所述，赠与合同是诺成性合同，只要一经作出承诺即为成立生效，其不以赠与物的交付为生效要件。

（二）被告在赠与财产权利转移之前享有任意撤销权。

赠与合同的任意撤销是指以赠与人的主观愿望即可通知受赠人撤销赠与合同，不需要法定的事由，是一种形成权。但其行使条件必须是在财产权利转移之前。

原告认为荀爱琴与被告在离婚时对财产进行了合理处分，该协议对双方均具有约束力，被告在原告起诉后要求撤销离婚时所达成的财产分割协议没有任何理由，即被告不存在《中华人民共和国合同法》第一百九十二条关于法定撤销所具备之情形；另离婚协议是荀爱琴与被告真实意思的表示，在分割时并没有存在着欺诈、胁迫情形，故被告不得撤销赠与，应予办理产权转移登记。根据有关法律规定，赠与人不得撤销赠与的情形仅限于具有救灾、扶贫等社会公益、道德义务性质的赠与合同或者经过公证的赠与合同，赠与人不交付赠与的财产的，受赠人可以要求交付。本案中，刘及时夫妻双方虽然是在民政部门等婚姻登记机关签订的赠与协议，但其不能适用《中华人民共和国合同法》第一百八十八条的规定。

而依照房地产登记管理法的相关规定，产权有变动，应依法办理相关产权转移登记手续。《中华人民共和国合同法》第一百八十七条对赠与手续作出了相应规定，即赠与的财产需要办理登记等手续的，应当办理有关手续。《中华人民共和国城市房地产管理法》第三十五条规定，房地产转让、抵押，当事人应当依照该法相关规定办理权属登记。今年10月1日生效的《中华人民共和国物权法》对物权变动也作出了明确规定，物权变动应以登记为生效要件。本案中，被告及荀爱琴并未办理不动产权变更登记，也就是说财产权利尚未转移，被告此时享有当然之任意撤销权，故原告所称的理由并不能成立。

虽然夫妻共同所有的房产仅被告一人作出撤销处分并不影响另一赠与人的处分权，但本案原告的诉请只是要求被告应及时办理该房屋的过户登记手续，该请求依法不能成立，法院驳回原告诉讼请求符合法律规定，裁判是正确的。

编写人：江苏省溧阳市人民法院　黄东英　丁飞

二十、唐美华诉张银梅、田光辉房屋买卖合同纠纷案

原告（被上诉人）名称：唐美华
被告（被上诉人）名称：田光辉
被告（上诉人）名称：张银梅

一审情况

一、一审诉辩主张

原告唐美华诉称：我和田光辉于 1995 年 4 月登记结婚，婚后无子女，一直居住在北京市崇文区广渠门乐器厂宿舍。2006 年 12 月，我和田光辉购买了位于通州区邓家窑物资学院 4 ~5 幢 1 单元 3 区 302 号两居室楼房一套，价款 27.4 万元左右，房屋所有权登记在田光辉名下。2007 年 2 月中旬，田光辉私自将上述楼房出卖，我得知此事后追问田光辉为何私自出卖楼房，田光辉称为了偿还赌债，房屋卖了 20 万元左右。我当即要求田光辉解除买卖合同，退还房款并收回房屋，田光辉予以拒绝，并拒绝提供房屋买主的身份，我为此与田光辉多次协商未果。庭审中才知道张银梅购买了此房屋。我认为该楼房系我与田光辉夫妻关系存续期间购买，应属于夫妻共同财产，对此房屋双方应有平等的处理权，一方对房屋进行买卖应事先取得对方的同意。而田光辉私自将房屋出卖，且房屋所卖价款明显偏低，所得房款又是用于偿还赌债，田光辉的行为严重侵犯了我的权益。另外，张银梅明知我不同意出售该房屋而恶意购买，也不属于善意第三人，故诉至法院，要求确认田光辉和

张银梅签订的房屋买卖合同无效，张银梅退还该楼房，我和田光辉返还张银梅购房款。

被告田光辉辩称：我以前在王有发家玩牌欠下赌债，经王有发介绍认识了王素移。2006 年 12 月 22 日，我和王素移签订了《个人借款协议》，向王素移借款8 万元，约定 2007 年2 月10 日前一次性还清，并将通州区邓家窑物资学院 4 ~5 幢 1 单元 302 号两居室楼房的房屋所有权原件、中大恒基买卖合同原件、身份证和户口本原件等材料留存在王素移处。到期后我没钱偿还王素移借款，才打算将上述楼房出卖。唐美华所述属实，2007 年 2 月 12 日当天，我给唐美华打过电话说要出卖该楼房，唐美华不同意，并问我为什么要卖楼房，我说赌博欠了别人钱需要归还，唐美华让出借人王素移找唐美华替我还钱，王素移不同意。随后我、王素移和张银梅办理了该房屋的买卖过户手续，合同约定房屋交易总价为 24 万元（包括房款及过户相关费用）。当时，所有的过户相关费用都不是我支付的，张银梅通过王素移交给我房款 4.5 万元，并承诺几天后将余款付清，因此我就在买卖合同上写明“房款已结清，由买方领证”。此后一个星期左右，张银梅又通过王素移交给我 7 万元或是 9 万元购房款，具体数额记不清了。我欠王素移的 8 万元借款直接在卖房款中扣除了。此后张银梅又通过王素移给了我 1.5万元的房屋装修款。我希望能够要回该房屋，同意退还张银梅购房款。

被告张银梅辩称：唐美华及田光辉所述均不属实，当时我购买此房屋是通过王素移联系的，唐美华同意田光辉卖房，我已经给付了购房款，并办理了该房屋的过户手续，取得了该房屋的所有权证，并对此房屋进行了装修，我认为买卖合同有效，不同意腾退房屋。

二、一审法院认定事实

北京市通州区人民法院经公开审理查明：原告唐美华和被

告田光辉于 1995 年 3 月 29 日登记结婚，婚后无子女。2006 年 9 月 23 日，唐美华、田光辉经北京中大恒基房地产经纪公司联系从马艳处购买了北京市通州区邓家窑物资学院 4 ~5 幢 1 单元 302 号两居室楼房，购房款为 27.4 万元，登记的房屋所有权人为田光辉。此后，唐美华、田光辉对该房屋进行了装修，尚未入住。2006 年田光辉称因玩牌欠下赌债，经王有发介绍认识了王素移（又名王涛）。2006 年 12 月 22 日，田光辉和王素移签订了《个人借款协议》，约定“田光辉向王素移借款人民币捌万元整，于 2007 年 2 月 10 日前一次性还清。如田光辉到期不能把捌万元还给王素移，那么即为田光辉违约，田光辉将把其房产出售额的 30% 作为违约金”。田光辉和王素移在上述借款协议上签字，王有发作为见证人亦在借款协议上签字。当日，田光辉收到王素移的借款 8 万元，田光辉将北京市通州区邓家窑物资学院 4 ~5 幢 1 单元 302 号两居室楼房的房产证、中大恒基买卖合同原件、身份证、户口本等原件暂存王素移处。借款到期后，田光辉并没有按照约定的 2007 年 2 月 10 日前一次性还清借款。2007 年 2 月 12 日，王素移向田光辉催要借款时，田光辉表示没有钱，可以出售北京市通州区邓家窑物资学院 4 ~5 幢 1 单元 302 号两居室楼房。随后，王素移联系其朋友张银梅准备购房款，一起到北京市通州区房屋产权产籍管理中心办理房屋买卖过户手续。当日，田光辉和张银梅在北京市通州区房屋产权产籍管理中心签订了《二手房买卖合同》，约定房产的交易总价为 24 万元，交易税费由田光辉承担。田光辉在《二手房买卖合同》上注明“房款已结清，由买方领证”。当日田光辉回家后，唐美华得知田光辉已将北京市通州区邓家窑物资学院 4 ~5 幢 1 单元 302 号两居室楼房出卖，提出异议，并追问买方姓名，未果。2007 年 2 月 13 日，唐美华到北京市通州区邓家窑物资学院 4 ~5 幢 1 单元 302 号两居室楼房将室内的空调、居室门、橱柜拆走。2007 年 3 月 2 日，张银梅取得了北京市通州区邓家窑物资学院 4 ~5 幢 1 单元302号两居室的房屋所有权证，并进行了装修。

庭审中，唐美华称田光辉在出售北京市通州区邓家窑物资学院4～5幢1单元302号两居室楼房之前给唐美华打电话问唐美华是否有10万元，田光辉称需要归还欠别人的借款，唐美华要求和借款人王素移见面，王素移拒绝见面，随后田光辉在电话中称若凑不齐10万元，他就将北京市通州区邓家窑物资学院4～5幢1单元302号两居室楼房卖掉，唐美华当即表示不同意卖掉楼房。田光辉对唐美华的上述陈述予以认可。张银梅不认可唐美华的上述陈述，其证人王素移、任立双出庭证明唐美华在电话中同意田光辉出售北京市通州区邓家窑物资学院4～5幢1单元302号两居室楼房。田光辉和张银梅均认可当时该房屋的交易总价为24万元（不包括装修费）。虽约定田光辉负担相关交易税费，但实际是由张银梅交纳的，共计19205元。田光辉称2007年2月12日当日张银梅通过王素移交给其房款4.5万元，并承诺几天后将余款付清，因此其就在买卖合同上写明“房款已结清，由买方领证”。此后一个星期左右，张银梅又通过王素移交给田光辉7万元或是9万元购房款，具体数额记不清了。田光辉欠王素移的8万元借款直接在卖房款中扣除了，此后张银梅又通过王素移给了田光辉1.5万元的房屋装修款。唐美华称当天晚上只见到购房款4.5万元，对其他房款给付情况不清楚。张银梅称2007年2月12日当日给付5万元房款，并出示了田光辉签字的5万元房款收条，此后给付了9万元房款及1.5万元装修费，另外的房款直接折抵欠王素移的8万元借款了，田光辉在房款已结清的收条上签字认可。王素移称不知道田光辉是玩牌欠下了赌债才向其借钱8万元。

上述事实有下列证据证明：

1.《北京市房屋买卖合同》。证明诉争房屋系田光辉、唐美华从马艳手中购得。

2.《个人借款协议》。证明田光辉于2006年12月22日向王素移借款8万元，双方约定田光辉应于2007年2月10日前一次性还清，逾期即为田光辉违约，田光辉需将其房产出售额的30%作为违约金支付给王素移。

3. 收条。证明田光辉于2006年12月22日收到了王素移的借款8万元。同日，田光辉将本案诉争房屋的房产证、中大恒基买卖合同、身份证、户口本、契税发票、税金免税提取发票、中大恒基收据等材料的原件交与王素移收存。

4.《二手房买卖合同》。证明田光辉于2007年2月12日将诉争房屋出售给张银梅，双方约定房产交易总价为24万元，办理过户手续所需缴纳的相关税费由田光辉承担等。

5. 王素移、任立双的证人证言。

6. 当事人陈述及庭审笔录。

三、一审法院判案理由

北京市通州区人民法院根据上述事实和证据认为：夫妻双方对夫妻共同财产有平等的处理权，对夫妻共同财产作重要处理决定时，夫妻双方应当平等协商，取得一致意见。根据查明的事实，唐美华和田光辉在婚姻存续期间购买了北京市通州区邓家窑物资学院4～5幢1单元302号两居室楼房，应属于夫妻共同财产，田光辉未经唐美华同意擅自出售该楼房的行为无效，双方因该买卖合同取得的财产应当予以返还。张银梅称唐美华在电话中同意田光辉出售该楼房，有证人王素移、任立双出庭证明，唐美华、田光辉均不予认可，张银梅未再提交其他证据加以证明，故张银梅的上述辩解意见依据不足，本院不予采信。另外，唐美华、田光辉系于2006年9月通过北京中大恒基房地产经纪公司以27.4万元的价格购买了北京市通州区邓家窑物资学院4～5幢1单元302号两居室楼房，而2006年12月22日，田光辉和王素移在签订的《个人借款协议》中提前约定若田光辉到期不能归还借款，田光辉将把该房产的出售额30%作为违约金，并将中大恒基的买卖合同暂存王素移处，王素移代表其朋友张银梅和田光辉约定购房款时应当知道唐美华、田光辉的原购房价格。根据《个人借款协议》中违约条款的约定内容和目前北京市房地产市场交易价格持续上涨以及田光辉在借款到期后无力归还借款并面临承担违约责任的情况下，张银梅于 2007 年 2 月 12 日以 24 万元购买北京市通州区邓家窑物资学院 4 ~5 幢 1 单元 302 号两居室楼房，故张银梅亦不属于善意第三人，张银梅辩称买卖合同有效，不同意腾退房屋的辩解意见依据不足，本院不予采信。对于张银梅的装修损失以及因房产过户而发生的相关税费损失，张银梅可另行主张权利。

四、一审法院判决结果

北京市通州区人民法院依照《中华人民共和国合同法》第五十一条、第五十八条之规定，作出如下判决：

1. 被告田光辉和被告张银梅于 2007 年 2 月 12 日签订的《二手房买卖合同》无效。

2. 被告张银梅于本判决生效之日起 30 日内将北京市通州区邓家窑物资学院 4 ~5 幢 1 单元 302 号两居室楼房腾退给原告唐美华和被告田光辉。

3. 原告唐美华和被告田光辉于本判决生效之日起 30 日内退还被告张银梅购房款及装修款 235000 元。

诉讼费 50 元，由原告唐美华负担。

二审情况

一、二审诉辩主张

上诉人（原审被告）张银梅及其委托代理人诉称：第一，一审判决认定的事实错误：1. 一审判决认定被上诉人唐美华不同意卖房完全是主观想象，没有事实依据，唐美华虽然不情愿卖房，但其收款及拆除室内装修的行为足以认定唐美华对卖房一事不仅知情而且同意；2. 一审判决认定上诉人张银梅不是善意的第三人是完全错误的。第二，一审程序错误，张银梅已取得了房地产主管部门颁发的房屋产权证，被上诉人唐美华如对张银梅与田光辉间房屋买卖行为的合法性存有异议，应先行请求政府主管部门撤销张银梅名下的房产证，如遭拒绝则应提起行政诉讼，而不能提起民事诉讼，一审法院亦不应受理本案。据此要求撤销原判，确认张银梅与田光辉间的房屋买卖合同有效。

被上诉人（原审原告）唐美华同意原审判决。

被上诉人（原审被告）田光辉同意原审判决。

二、二审法院认定事实

北京市第二中级人民法院经公开审理查明：唐美华和田光辉于 1995 年 3 月 29 日登记结婚，婚后无子女。2006 年 10 月，经北京中大恒基房地产经纪公司居间介绍，田光辉、唐美华与马艳签订购房合同，购买了马艳所有之北京市通州区邓家窑物资学院 4 ~5 幢 1 单元 302 号两居室楼房。关于田光辉、唐美华购买诉争房屋所支付的购房款，在房地产管理部门备案的《房地产转让协议书》上约定购房款为 15 万元，马艳认可实际收取的购房款为 230840 元，但田光辉、唐美华自称其实际支付的购房款为 27.4 万元，其未就其所述付款情况向法庭举证证明。2006 年 10 月 20 日，诉争房屋所有权人变更登记至田光辉名下。此后，唐美华、田光辉对该房屋进行了装修，尚未入住。

2006 年 12 月 22 日，田光辉和案外人王素移签订《个人借款协议》，约定“田光辉向王素移借款人民币捌万元整，于 2007 年 2 月 10 日前一次性还清。如田光辉到期不能把捌万元还给王素移，那么即为田光辉违约，田光辉将把其房产出售额的 30% 作为违约金”。田光辉和王素移在上述借款协议上签字，王有发作为见证人亦在借款协议上签字。当日，田光辉收到王素移的借款 8 万元，田光辉将北京市通州区邓家窑物资学院 4 ~5 幢 1 单元 302 号两居室楼房的房产证、中大恒基买卖合同原件、身份证、户口本等原件暂存王素移处。

借款到期后，田光辉未能依约偿还。2007 年 2 月 12 日，王素移再次向田光辉催要借款时，田光辉表示没有钱，可以出售诉争房屋以偿还债务。随后，王素移联系其朋友张银梅购房。当日下午，田光辉和张银梅在北京市通州区房屋产权产籍管理中心签订了《二手房买卖合同》，该合同约定“张银梅同意购买田光辉所有之诉争房屋，田光辉保证该房产产权清楚无纠纷，如有问题由田光辉负责解决，并承担由此产生的一切后果及经济责任。房产的交易总价为 24 万元，交易税费由田光辉承担”。田光辉在《二手房买卖合同》下方注明“房款已结清，由买方领证”。签约后，张银梅交纳印花税 245 元，交纳契税 3600 元，交纳城市维护建设税、营业税、个人所得税及教育费附加共计 15360 元。此后田光辉与张银梅一同将办理产权转移登记的各项手续交至北京市通州区房屋产权产籍管理中心。

当日办理完毕上述手续后，张银梅通过王素移支付田光辉 5 万元，田光辉为其签署收条。一周后，张银梅又通过王素移转交给田光辉购房款 17.15 万元，田光辉为其签署房款全部付清的收条，但田光辉称该笔款项王素移扣掉 8 万元抵偿借款。此后张银梅又通过王素移给付田光辉 1.5 万元的房屋装修款，田光辉签署收条并在收条注明“如有捣乱现象，由卖方田光辉负责”。2007 年 3 月 2 日，张银梅取得了北京市通州区邓家窑物资学院 4 ~5 幢 1 单元 302 号两居室的房屋所有权证，其入住后继续对房屋进行装修，安装了居室门、灯具、厨房灶台、橱柜、沐浴设施，还搬入部分家具。

庭审中，唐美华称田光辉在出售诉争房屋之前曾给其打电话称需要 10 万元归还欠款，唐美华要求与借款人王素移见面，王素移拒绝见面，随后田光辉在电话中称若凑不齐 10 万元，他就将北京市通州区邓家窑物资学院 4～5 幢 1 单元 302 号两居室楼房卖掉，唐美华当即表示不同意卖掉楼房。田光辉对唐美华的上述陈述予以认可，但亦表示与唐美华通电话系 2007 年 2 月 12 日上午，此时尚未见到张银梅，下午见到张银梅并与张银梅办手续时，其并未告知张银梅其妻唐美华不同意一节。张银梅称不知道田光辉与唐美华通电话，但称王素移曾告知其田光辉的妻子亦同意卖房。其就其所述申请证人王素移、任立双出庭作证。王素移作证称唐美华曾与其通话，同意田光辉出售诉争房屋。任立双作证称唐美华在电话里声音很大，其在旁边亦听到唐美华同意卖房。

2007 年 2 月 12 日晚上，田光辉将出售诉争房屋所得购房款 45000 元交给唐美华，唐美华收取了上述购房款。次日，唐美华到诉争房屋将室内的空调、居室门、橱柜拆走，折价出卖。

上述事实有下列证据证明：

1. 北京市房屋买卖合同。证明诉争房屋系田光辉夫妇于 2006 年 10 月从案外人马艳手中购买所得。

2. 个人借款协议。证明田光辉于 2006 年 12 月 22 日向王素移借款 8 万元，双方约定田光辉应于 2007 年 2 月 10 日前一次性还清，逾期即为田光辉违约，田光辉需将其房产出售额的 30% 作为违约金支付给王素移。

3. 收条。证明田光辉于 2006 年 12 月 22 日收到了王素移的借款 8 万元。同日，田光辉将本案诉争房屋的房产证、中大恒基买卖合同、身份证、户口本、契税发票、税金免税提取发票、中大恒基收据等材料的原件交与王素移收存。

4. 二手房买卖合同。证明田光辉于 2007 年 2 月 12 日将诉争房屋出售给张银梅，双方约定房产交易总价为 24 万元，办理过户手续所需缴纳的相关税费由田光辉承担等。

5. 王素移的证人证言。证明田光辉与张银梅办理诉争房屋的过户手续当日，田光辉曾与唐美华通过电话；其不知田光辉向其借款的目的，对于田光辉是否将该笔款项用于偿还赌债其亦不知情。

6. 任立双的证人证言。证明田光辉与张银梅办理诉争房屋的过户手续当日，田光辉曾与唐美华通过电话，当时王素移称唐美华同意出售诉争房屋；二手房买卖合同的相关内容系由其代为填写，当时24万元的售房价格是田光辉说的。

7. 当事人陈述及庭审笔录。

三、二审法院判案理由

北京市第二中级人民法院根据上述事实和证据认为：我国民法通则及婚姻法对于部分共有人擅自处分共有财产均有规定，《最高人民法院关于贯彻执行〈中华人民共和国民法通则〉若干问题的意见（试行）》第八十九条规定，共同共有人对共有财产享有共同的权利，承担共同的义务。在共同共有关系存续期间，部分共有人擅自处分共有财产的，一般认定无效。但第三人善意、有偿取得该项财产的，应当维护第三人的合法权益；对其他共有人的损失，由擅自处分共有财产的人赔偿。《最高人民法院关于适用〈中华人民共和国婚姻法〉若干问题的解释（一）》第十七条第（二）项规定："夫或妻非因日常生活需要对夫妻共同财产做重要处理决定，夫妻双方应当平等协商，取得一致意见。他人有理由相信其为夫妻双方共同意思表示的，另一方不得以不同意或不知道为由对抗善意第三人。"

根据本案查明的事实，诉争房屋原为唐美华与田光辉夫妻共有，但诉争房屋所有权登记在田光辉名下。田光辉自愿与张银梅签订买卖合同出售诉争房屋，出售价格的形成亦出于田光辉自愿；张银梅通过有偿转让的形式自田光辉处受让诉争房屋，在购房时对于原产权人的权利状况已经尽到了合理的注意义务。应当认定田光辉与张银梅所签二手房买卖合同系田光辉与张银梅二人的真实意思表示。唐美华自称签订二手房买卖合同未经其同意，但事后其实际收取部分购房款，且在次日将诉争房屋内的空调、居室门、橱柜拆走，折价出卖，唐美华的行为表明其已实际认可房屋出售的现实并与田光辉一同履行买卖合同之交房义务。现张银梅已经取得了诉争房屋的所有权证，成为诉争房屋的所有权人，应当认定张银梅取得诉争房屋系善意取得，其与田光辉所签房屋买卖合同有效。唐美华称张银梅非善意相对人，未向法庭举证证明，故对于唐美华的诉讼请求，本院不予支持。原审法院认定事实及适用法律均有不当，本院予以纠正。上诉人上诉请求理由充分，本院予以支持。

唐美华如因此遭受损失，可另案向田光辉主张赔偿。

四、二审法院判决结果

北京市第二中级人民法院依照《中华人民共和国民事诉讼法》第一百五十三条第一款第（二）项、第（三）项，作出如下判决：

1. 撤销北京市通州区人民法院（2007）通民初字第3290号民事判决。

2. 驳回唐美华的诉讼请求。

一审案件受理费50元、二审案件受理费70元，均由田光辉负担。

辨法析理

本案一、二审判决在对事件过程的陈述部分几乎并无二致，导致判决结果迥然相反主要是由于一、二审法院对于部分共有人擅自处分共有财产的行为之效力的认识存在不同。结合本案案情，笔者谨对同类案件普遍涉及的几个法律问题略加探讨。

（一）部分共有人对共有财产的“无权处分”行为是否必然无效

一审法院判决的基本依据为《中华人民共和国合同法》（下称《合同法》）第五十一条的规定，即无处分权的人处分他人财产，经权利人追认或者无处分权的人订立合同后取得处分权的，该合同有效。从该条款的表述不难看出，无处分权人以处分他人财产为目的订立的合同，以无效为原则，以有效为例外，构成例外的两个条件一是权利人的事后追认，一是订立合同后无处分权的人基于一定事由取得了对该财产的处分权。本案中，一审法院认定田光辉与张银梅间的房屋买卖合同无效，系基于田光辉处分的房产为其与唐美华的夫妻共有财产，唐美华在买卖合同订立前并未同意田光辉将诉争房屋出售与张银梅，事后亦未对该合同明确予以追认的事实认定；二审法院在审理过程中经反复研究和讨论，综合各方当事人对事件全过程的陈述和相关证人证言，最终认定唐美华在买卖合同订立后的一系列行为已体现出了“追认”的意思表示。在一、二审庭审过程中，双方当事人均认可在办理产权过户手续前，田光辉曾给唐美华打过电话，告知其为偿债需要出售诉争房屋。对于当时唐美华的态度，双方所称不一，且均无充分证据支持，但可以肯定的是，田光辉与张银梅的房屋买卖合同正式签订前，唐美华即已知道此事。过户手续办理完成后，张银梅向田光辉支付了45000元购房款，当晚唐美华从田光辉处收取了该笔款项，并于次日拆除了诉争房屋的部分装修变卖。二审法院依据上述事实认定，唐美华虽然对田光辉出售诉争房屋一事持有异议，但其收款和拆除装修的行为可以视为对房屋买卖行为的一种事实上的追认。

（二）买受人“善意”的评判标准

随着楼市价格一路走高，越来越多购房者将目光投向了二手房市场，二手房买卖纠纷的数量随之急速增加，且呈现出纠纷类型多样化、法律关系复杂化的趋势。其中，房屋共有人以房产证登载的所有权人未征得其他共有人同意擅自处分共有房屋为由，主张买卖合同无效的案件，在全部二手房纠纷中占据了相当大的比重。本案中，二审法院经审理认为唐美华在房屋买卖行为完成后的若干举动可视为其实质上已与田光辉共同履行了交房义务，但若唐美华并未收取房款，亦未拆除装修，且并未有证据证明其知晓并认同了田光辉与张银梅间的房屋买卖合同，那么该房屋买卖合同是否应当认定无效呢？显然不是的，二审判决除认定唐美华已实际履行了交房义务外，还认定了张银梅属于善意买受人，在此情况下，即使并无证据证明唐美华事前同意该买卖行为或事后进行了追认，亦可认定合同有效。

《中华人民共和国物权法》（下称《物权法》）第一百零六条规定了不动产的善意取得制度，即无处分权人将不动产转让给受让人的，当受让人受让该不动产系基于善意，支付了合理的对价，且转让的不动产已经登记的情况下，受让人取得该不动产的所有权，原所有权人有权向无处分权人请求赔偿损失。当然，一、二审法院受理本案时，《物权法》尚未生效，故上述条款显然不能直接应用于本案的审理。但在《物权法》颁布实施之前，相关司法解释实际已经确立了保护善意买受人的原则，如《最高人民法院关于贯彻执行〈中华人民共和国民法通则〉若干问题的意见（试行）》第八十九条就规定，在共同共有关系存续期间，部分共有人擅自处分共有财产的，一般认定无效。但第三人善意、有偿取得该项财产的，应当维护第三人的合法权益；对其他共有人的损失，由擅自处分共有财产的人赔偿。最高人民法院《关于适用〈中华人民共和国婚姻法〉若干问题的解释（一）》第十七条第（二）项亦规定，夫或妻非因日常生活需要对夫妻共同财产做重要处理决定，夫妻双方应当平等协商，取得一致意见。他人有理由相信其为夫妻双方共同意思表示的，另一方不得以不同意或不知道为由对抗善意第三人。显然，在此类案件中，确认买卖合同效力的关键就在于能否认定买受人的“善意”。笔者认为，“善意第三人”至少应符合以下几个标准：

第一，出卖人提供了自己各自的房屋所有权证书或其他合法有效的不动产登记凭证，使受让人有理由认为出卖人是该不动产的合法权利人，享有处分该不动产的权利。我国对于不动产采取登记主义，登记机关在不动产登记簿上进行的权属记载具有公示和公信的效力。虽然根据《中华人民共和国城市房屋权属登记管理办法》的规定，共有房屋的权属登记，应由共有人共同申请，并向共有人颁发共有权证书，但在实践中，无论是夫妻共有房产还是家庭共有房产，经共有人协商后通常都会登记于其中一人的名下。在现行登记制度下，登记机关并无审查房屋是否存在其他共有人的义务，只要相关材料齐备即可办理登记手续，而作为有权机关作出的行政确认，产权登记的公信力是无可质疑的。即使房产证上记录的权属状况与真实的权属状况不一致，只要权利证书在形式上没有瑕疵，买受人就有理由相信真实的权属状况就是如此。即使产权证书无法客观真实地反映房屋的共有情况，行政制度尚不健全的成本主要亦当由政府来承担，而不能对当事人求全责备。

第二，受让人是否尽到必要的审查义务。虽然房屋权属证书上登记的产权人往往为单数，但从一般社会常识的角度出发，对于已达法定婚龄的出让人，受让人应就其家庭情况及买卖涉及的房屋是否由其个人所有、单独使用进行必要的询问。现许多中介公司在接受售房委托时，均会要求售房人出具配偶的同意书，甚至就此办理公证。在出卖人明确表示已征得其配偶同意、提供了其配偶签署的同意声明或进行了公证的情况下，买受人有理由相信出卖人对所售房产享有完整的处分权，即使此后其配偶提出对于房屋买卖自己并不知情、同意书系他人代签、公证情况不实等主张，买受人亦不应就此承担责任。因为如前所述，现产权登记机关亦不会就房屋共有人的详细情况进行调查，故对于买受人注意义务的要求不宜过于严苛。本案中，根据当事人自述及相关证人证言，张银梅在签订买卖合同前曾询问过田光辉有无家室，其配偶是否同意出售诉争房屋。田光辉在交易大厅与唐美华电话联系后，王素移告知张银梅说田光辉的配偶对售房一事并无异议。虽唐美华不认可其当时在电话中表示同意售房，但根据王素移和任立双的证言，可以判定张银梅当时并未获得唐美华不同意卖房的信息，故应当认可其已在自身能力范围内尽到了注意义务。

第三，受让人善意的时间衡量标准。笔者认为，受让人善意的时间衡量标准应截至不动产产权转移之时，而不是签订买卖协议之时。因为不动产的善意取得不仅强调买受人在主观态度上是“善意”的，而且要求是“善意”地取得，也就是说一直是善意的。因此，买受人在不动产产权转移完成之前必须一直是“善意”的，才符合不动产善意取得的要件，才能取得财产的所有权。如果买受人在签订协议后才知道出卖人没有相应的处分权，买受人就不能当然地得到房屋的产权，但是买卖协议仍然有效，买受人可以追究出卖人的违约责任。

第四，受让人应就房产买卖支付合理的对价。虽然根据《物权法》第一百零六条的规定，合理对价和主观善意系不动产善意取得制度中两个并列的必备要件，但笔者认为，买受人支付的购房价款合理与否，亦应作为判定其是否基于善意的一个重要指标。具体到本案中，唐美华主张诉争房产系其夫妇花费 27 万余元购得，而田光辉出售该房屋的价格仅为24万元，交易价格明显不合理。但田光辉自马艳手中购买房屋时，备案的合同上所约定的价款仅为15万元，田光辉、唐美华亦未提供充分证据证明其实际支付的购房价款为27.4万元；且根据证人任立双所述，24万的出售价格是田光辉报给张银梅的；该价格亦未明显低于同一地段同等条件房屋在买卖当时的市场价格，故二审法院认定张银梅就购买诉争房屋已经支付了合理的对价。

至于导致本案买卖发生的基础债务，即田光辉所欠王素移的8万元是否是一种非法债务，因现除田光辉的自述外，并无其他证据证明该8万元借款的性质为赌债，亦无证据证明张银梅与王素移间存在恶意串通，且24万元的出售价格系由田光辉自行提出，故二审法院认定田光辉系自愿与张银梅签订买卖合同出售诉争房屋，出售价格的形成亦出于田光辉自愿，田光辉与张银梅所签二手房买卖合同系二人真实意思表示，张银梅已基于善意取得了诉争房屋的产权，合同应属有效。

编写人：北京市第二中级人民法院　汪卉

二十一、李汉兰诉付翔离婚纠纷案

原告（上诉人）名称：李汉兰

被告（被上诉人）名称：付　翔

一审情况

一、一审诉辩主张

李汉兰诉称：原、被告于2001年7月经人介绍相识恋爱，2002年9月登记结婚，2004年3月生育一子。婚后双方分多聚少，长期分居生活，夫妻之间缺乏交流和沟通，感情淡漠，夫妻关系名存实亡。2006年3月原告曾向法院起诉离婚，后经法院调解达成和好协议，但双方未按实际履行，现夫妻感情已完全破裂，故请求法院判令：1. 原、被告离婚；2. 要求抚养婚生子付泽豪，由被告按月支付子女抚养费1000元，直至子女年满18周岁止；3. 增加要求分割被告于2003年7月15日至2007年5月28日归国期间的工资32万元。

被告付翔辩称：原、被告婚后因工作原因双方聚少离多，同时双方也为经济产生矛盾，原告曾向法院起诉离婚，双方达成和好协议，但因双方的矛盾很深，沟通较少，和好协议并没有履行，双方感情已经破裂，被告同意离婚，但要求抚养小孩。对于原告提出要求分割被告工资的问题，被告认为双方已通过《婚前财产证明》约定婚后个人所得归个人所有，原告无权要求分割被告的工资收入。

二、一审法院认定事实

湖北省葛洲坝人民法院审理查明：原、被告于2001年7

月经人介绍相识恋爱，2002 年 9 月 10 日自愿登记结婚，婚后双方居住在被告父母家中，2003 年 7 月被告出国工作，2004 年 3 月 5 日原告生育一子，取名付泽豪。在共同生活期间双方常为家庭琐事和经济问题发生矛盾，2004 年 5 月，原告因与婆婆发生矛盾搬回娘家居住至今。2006 年 3 月原告向法院起诉与被告离婚，经法院调解，达成和好协议，但双方并未按协议实际履行。2006 年 12 月原告再次以夫妻感情破裂为由向法院起诉要求离婚。本案在审理中，被告同意离婚，双方因子女抚养及夫妻共同财产的分割不能达成协议。

另查明，原告李汉兰自 2002 年起每月工资收入为 1600 余元，被告付翔自 2002 年 6 月至 2003 年 7 月月工资收入 200～700 余元不等。2002 年 9 月 20 日原、被告签订一份《婚前财产证明》，该证明经双方商定：双方的婚前财产及婚后继续实行经济独立等内容。

2003 年 7 月被告出国前交给原告 40000 元钱（其中 30000 元系被告父母给的购买房子的钱）作为小孩的生活费。

2007 年 5 月被告付翔从国外施工点退场回国内到原工作单位报到。

上述事实有下列证据证实：

1. 结婚证；

2. 法院调解协议；

3.《婚前财产证明》；

4. 付翔工作单位工资证明。

三、一审法院判案理由

湖北省葛洲坝人民法院审理认为：原、被告因工作关系聚少离多，双方缺乏交流、沟通，夫妻感情淡漠，审理中，双方均认为夫妻感情确已破裂，已无法共同生活，同意离婚，应准予离婚。小孩付泽豪自出生起一直随母生活，现孩子尚小应随其母生活为宜，但被告具有探视权。对于原告提出的要求分割被告出国期间的工资请求，因双方曾约定“婚后继续实行经济独立，个人财产由本人负责管理，双方均不能干涉过问”，该约定符合当时双方的收入情况，应视为夫妻双方对婚后财产的处分，故对原告的该项请求不予支持。

四、一审法院判决结果

湖北省葛洲坝人民法院依照《中华人民共和国婚姻法》第十九条、第三十二条、第三十六条、第三十七条、第三十八条之规定判决如下：

准许原告李汉兰与被告付翔离婚。

子女抚养：付泽豪，男，2004 年 3 月 5 日出生，由原告李汉兰抚养，被告付翔自 2007 年 9 月起每月支付付泽豪抚育费 500 元，被告付翔对付泽豪享有探视权（每月可接两次）。

驳回原告李汉兰要求分割被告付翔工资收入的诉讼请求。

案件诉讼费 1000 元（含其他诉讼费 500 元），由原告李汉兰负担 500 元，被告付翔负担 500 元。

二审情况

一、二审诉辩主张

李汉兰不服一审判决，向本院提起上诉，其上诉请求和理由是：一、原审对《婚前财产证明》认定和处理错误，要求对付翔在婚姻存续期间工资收入作为夫妻共同财产依法分割。1. 原审对《婚前财产证明》的真实意思理解错误；2. 上诉人与被上诉人在婚姻期间的财产事实上也并没有独立；3. 原审法院适用法律错误。双方对《婚前财产证明》的理解有分歧，属于“约定不明”，应当按照我国婚姻法第十九条规定处理。4. 原审法院的判决没有保护妇女的合法权益。二、关于子女抚养，应当在每月 500 元的抚育费的基础上再增加抚养费并另行支付医疗费和教育费。应当明确每次探视时间。

被上诉人付翔认为原审法院判决事实清楚，适用法律正确，服从原审判决。

二、二审法院查明事实

二审查明：原审关于上诉人李汉兰与被上诉人付翔婚姻关系基本事实的认定，是清楚的，本院予以认可。并补充认定下列事实：上诉人李汉兰与被上诉人付翔在婚姻关系存续期间，各自的财产相对独立管理使用，但并没有截然分开，也有混同现象。李汉兰主张付翔在婚姻存续期间（出国工作）的工资余额306831.19元，应当作为夫妻共同财产分割。付翔当庭承认在婚姻存续期间工资收入只有28万元左右。本院根据付翔的工资收入及其实际开支情况，认定付翔在婚姻存续期间工资收入节余为28万元。上述事实有原审证据证实。

三、二审法院判案理由

湖北省宜昌市中级人民法院审理认为：上诉人李汉兰与被上诉人付翔在《婚前财产证明》中，对各自的婚前财产和共同财产进行界定后，又在《婚前财产证明》第三条中约定："双方在婚后将继续实行经济独立，个人财产由本人负责管理，双方均不能干涉过问。"对第三条如何理解，确实容易产生如下几种理解：1. 个人财产是指婚前个人财产，婚后由本人继续负责管理；2. 个人财产是指个人婚后所得财产，但由个人负责管理，是指个人有相对自由支配使用或管理权，而其财产属于夫妻共同所有；3. "个人财产由本人负责管理"，就是"婚后各自所得归各自所有"。但从第三条约定的文字和内容，以及婚后共同生活事实来看，难以得出第三种结论，或者不能当然得出第三种结论。因而，本案第三条约定属于"约定不明"。根据我国婚姻法第十九条规定，对于夫妻财产约定不明的，适用我国婚姻法第十七条、第十八条的规定，即对夫妻财产约定不明确的，应当按夫妻共同财产处理。这是法律对夫妻财产约定不明确的法律适用问题作出的规定。也就是说，对于因夫妻财产约定不明发生分歧后，不适用其他合同解释的原理（如目的解释、体系解释等），应直接按照我国婚姻法第十九条的规定处理。《婚姻法》第十九条的规定，是对夫妻财产约定不明如何处理的法律规定或解释。对于因夫妻财产约定不明发生纠纷后，只能按照我国婚姻法第十九条规定处理，不能由法官作出任意解释。同时，该约定不仅对财产及其性质“约定不明”，即难以理解“个人财产由本人负责管理”，就是“婚后各自所得归各自所有”。而且其范围亦属约定不明，即该约定对夫妻共同生活期间的费用如何负担，以及子女抚养费用如何负担等，都没有作出约定。而实际上，上诉人李汉兰与被上诉人付翔双方婚后确实存在财产混同，没有截然分开的现象。据此，对本案第三条应当按照“约定不明”处理。

四、二审法院判决结果

湖北省宜昌市中级人民法院依照《中华人民共和国婚姻法》第三十二条、第十九条、第十七条、第三十六条、第三十七条、第三十八条和《中华人民共和国民事诉讼法》第一百五十三条第（二）项之规定，判决如下：

维持葛洲坝人民法院（2007）葛民初字第 24 号民事判决第一、二项，即准许李汉兰与付翔离婚；婚生子付泽豪由李汉兰抚养，付翔自 2007 年 9 月起每月支付付泽豪抚育费 500 元，付翔对付泽豪享有探视权（每月可接两次）。

撤销葛洲坝人民法院（2007）葛民初字第 24 号民事判决第三项，改判为：付翔在婚姻存续期间工资收入节余人民币 28 万元为夫妻共同财产，李汉兰分得人民币 14 万元，本判决生效后由付翔给付李汉兰。

驳回李汉兰的其他上诉请求。

一审案件诉讼费 1000 元（含其他诉讼费 500 元），由李汉兰负担 500 元，付翔负担 500 元。二审案件诉讼费 300 元，由李汉兰负担 100 元，付翔负担 200 元。

辨法析理

本案虽然涉及其他内容，但主要涉及的是夫妻财产“约定不明”应当如何理解和适用法律问题，故本文只讨论对夫妻财产“约定不明”的法律理解和适用问题，不涉及其他内容。

（一）对夫妻财产“约定不明”的理解

“约定不明”，是指约定内容不明确，足以产生歧义，引起不同理解，以致难以作出唯一解释。约定不明，有两个构成要件：一是足以产生歧义，引起不同理解。如本案双方当事人在《婚前财产证明》中，对各自的婚前财产和共同财产进行界定后，又在《婚前财产证明》第三条中约定：“双方在婚后将继续实行经济独立，个人财产由本人负责管理，双方均不能干涉过问。”那么，该约定中的“个人财产”，是指前述条款中所界定的婚前“个人财产”，婚后继续实行独立管理？还是婚后“个人所得财产”继续实行独立管理？足以引起歧义和不同理解，此乃其一；其二是，对“负责管理”等约定，也容易发生歧义，即到底是个人财产或个人所得由各自独立“管理使用”，还是个人财产或个人所得归各自“所有”，也足以引起歧义。

二是难以作出唯一解释。这是从歧义所产生的结果判断上界定什么是“约定不明”。也就是说，“约定不明”难以作出唯一解释，至少有两种以上的解释。但任何解释都不可能是唯一或必然解释。难以作出唯一解释，是“约定不明”的本质特征。本案的协议就是，它至少存在三种以上解释，但不论哪种解释，都不可能是唯一或必然解释。

实践中，在理解“约定不明”时，应当注意两个问题：

1. 不能任意扩大“约定不明”的范围

对“约定不明”的理解，不能随意扩大，更不能认为凡是有争议的约定，都是“约定不明”。如有的故意曲解约定或协议，以达到推翻约定的目的，但不论其怎样曲解或辩解，约定的内容都非常明确，不可能产生两种以上的解释。此类约定，则不属于约定不明。如杜洪斌（男方）与郑蓉（女方）在婚姻存续期间，于2001年7月27日，达成了《夫妻财产约定协议》，该协议约定：“一、夫妻共同财产为人民币壹拾肆万叁仟元和位于茅坪镇柑香路3—2—110建筑面积为70.32平方米住房一套。二、杜洪斌分得住房一套和人民币伍万叁仟叁佰元整，郑蓉分得人民币捌万玖仟柒佰元整。三、在夫妻关系存续期间，本协议生效前的债权、债务由男、女双方共同承担；本协议生效后的夫妻双方收入共同所有，债权、债务由双方共同承担。四、在夫妻关系存续期间，郑蓉有权在上述房内居住，杜洪斌不得以任何理由拒绝女方在其房内居住，双方共同购置的财产，双方平等地享有使用权。”2005年杜洪斌与郑蓉诉讼离婚时，虽然杜洪斌对该协议提出了异议，法院则认为协议约定明确，合法有效，根据该协议对双方的财产进行了处理。

2. 要注意划分约定的性质

从现实生活来看，对夫妻财产的约定，主要采取所谓的夫妻财产“AA制”。而实践中所实行的夫妻财产“AA制”，又有两种形式：一是财产使用或管理上的“AA制”，即“各人挣钱各人花”，或“各人工资各人用”，互不干涉或“上交”。但家庭共同费用开支并没有实行平均负担或截然分开，往往是共同不均等承担或由收入高的一方承担，对各自的剩余财产也没有约定。这是一种松散形式的“AA制”。这种松散形式的“AA制”，在性质上属于管理使用上的“AA 制”，即婚后各自所得财产由各自管理使用。管理使用上的“AA 制”，不影响婚后夫妻财产所得法定所得共有制的法律效力，各自剩余的财产仍然是共同的。二是财产所有上的“AA 制”，即各自婚后所得财产归各自所有，家庭一切开支都共同负担（如买一件家庭用品或一顿饭钱都各承担 50%），各自的财产都完全归各自所有。本案从约定的字面意思或实际情况，都难以理解为属于第二种“AA 制”。此外，还有的约定部分财产或收入归个人所有。对于没有约定的，则应认定属于共同财产。

（二）对夫妻财产“约定不明”的法律适用

1. 对“约定不明”限制法官适用一般合同解释原则

我国婚姻法第十九条的规定，是对夫妻财产约定不明如何处理的法律规定或解释。只要构成“约定不明”，就应当根据我国婚姻法第十九条规定处理。这是对夫妻财产“约定不明”法律适用的特别规定。也就是说，对于夫妻财产约定不明，不适用一般合同解释的原理。一般合同因条文理解发生分歧后，可以根据目的解释、体系解释等原理，由法官作出其认为符合合同本意或原意的任意解释。但对夫妻财产“约定不明”则不能由法官作出任意解释，只能按照婚姻法第十九条规定处理。这也是对夫妻财产约定不明的限制解释。

2. 对夫妻财产“约定不明”，应直接按照婚姻法第十九条的规定处理

我国婚姻法第十七条规定：“夫妻在婚姻关系存续期间所得的下列财产，归夫妻共同所有：……。”我国婚姻法第十八条规定：“有下列情形之一的，为夫妻一方的财产：……。”我国婚姻法第十九条规定：“夫妻可以约定婚姻关系存续期间所得的财产以及婚前财产归各自所有、共同所有或部分各自所有、部分共同所有。约定应当采用书

面形式。没有约定或约定不明确的，适用本法第十七条、第十八条的规定。”按照我国婚姻法的立法精神，在婚姻关系存续期间，夫妻双方如无特别约定，夫妻财产适用法定的所得共有制。对夫妻财产“约定不明”，应直接按照我国婚姻法第十九条的规定处理，符合我国的立法精神和夫妻财产制的特点。因为我国的法定夫妻财产制就是法定的所得共有制，没有约定或约定不明（等于没有约定），就当然适用或回到法定的所得共有制，这是非常合理的。我国婚姻法第十九条之规定，是法律对夫妻财产约定不明确的法律适用问题作出的规定，是处理夫妻财产“约定不明”的法律根据。根据我国婚姻法第十九条规定，对于夫妻财产约定不明的，适用婚姻法第十七条、第十八条的规定。具体讲，就是对婚后夫妻所得财产约定不明确的，应当按婚姻法第十七条夫妻共同财产处理；对个人财产约定不明的，应当按婚姻法第十八条夫妻一方的财产处理。此外，对夫妻债务“约定不明”的，按夫妻共同债务处理。但应当注意的是，对夫妻债务“约定明确”的，虽然应当按约定处理，但这主要是指夫妻内部处理债务原则。对第三人（或债权人）来讲，如果他不知道约定，其约定不能对抗第三人。

根据上述分析，结合本案约定来看，该约定不仅在文字内容上约定不明，容易造成各种不同理解，而且其约定非常抽象笼统，约定具体适用范围亦不明确，即该约定对夫妻共同生活期间的费用如何负担，以及子女抚养费用如何负担等，都没有作出约定。在婚姻存续期间，付翔曾先后给付李汉兰人民币 7 万元。付翔认为其中 3 万元是购房款，4 万元是子女抚养费。李汉兰则认为婚姻存续期间财产本来就没有分开。可见，从实际情况看，双方在婚姻存续期间其财产确实有混同，没有截然分开现象。因而，不论从协议本身来看，还是从夫妻生活实际情况来看，都不能判断婚后各自所得归各自所有。因而，二审按照“约定不明”处理是正确的。

编写人：湖北省宜昌市中级人民法院　王礼仁

二十二、杨少民诉孟丹离婚纠纷案

原告名称：杨少民

被告名称：孟　丹

一、诉辩主张

原告及其委托代理人诉称：

我与被告于 2004 年 1 月认识，2004 年 12 月 1 日登记结婚，婚后无子女。2006 年被告向法院提出离婚，当时我认为双方还有感情没有同意，被告的请求被法院驳回。后双方多次调解未果，现我认为双方感情确已破裂，故向法院请求离婚；我要求按《分居协议书》和《婚前财产证明》的约定分得北京市朝阳区垡头翠成馨园 C—A1 幢 2 单元 1001 号的房屋；如我分得房屋，共同债务 10 万元及剩余房屋贷款由我负担，我再给付被告首付款、入住手续及房屋增值补偿 205000 元或者由我给付被告首付款、入住手续、一半购房款总计 230000 元、房屋增值补偿 15 万元，房屋尚欠的贷款由双方分担；由我分得松花江牌汽车一辆；双方无共同存款、共同债权、有价证券及其他共同财产。

被告的答辩及其委托代理人的辩护意见：

我同意离婚。位于北京市朝阳区垡头翠成馨园 C—A1 幢 2 单元 1001 号的房屋是我婚前个人出资并办理公积金贷款手续购买的经济适用房，属于我婚前个人财产。《分居协议书》和《婚前财产证明》因撕毁已丧失效力。现我要求分得房屋，剩余房屋贷款由我负担，我再给付原告补偿费 56525 元，其中包括已用于支付首付款的原告父母给付的 5 万元聘金的一半 25000 元、我向原告的借款 16330 元及双方共同支付的 2004 年

9 月至 2005 年 10 月已偿还贷款 30390.17 元的一半 15195 元；共同债务 10 万元，因用于出借给原告的大哥杨少华，故应由原告偿还；车牌号为京 HR0835 的松花江牌汽车一辆，属于原告的婚前财产，要求归原告所有；双方无共同存款、共同债权、有价证券及其他共同财产。

二、法院认定事实

北京市朝阳区人民法院经公开审理查明：原告与被告于 2004 年 12 月 1 日登记结婚，婚后未生育子女。

原告使用其婚前财产购置车牌号为京 HR0835 的松花江牌客车一辆，现该车辆的所有人登记在被告名下。

2004 年 4 月 29 日，被告与房地产开发企业签订房屋买卖合同，约定被告购买北京市朝阳区垡头翠成馨园 C—A1 幢 2 单元 1001 号的经济适用房屋，购房款为 456330 元，其中首付款 106330 元，以公积金贷款形式支付购房款 35 万元。合同签订后，原、被告共同出资支付了首付款。2004 年 8 月 26 日，被告作为借款人与贷款人、保证人签订了《北京住房公积金管理中心个人住房担保委托贷款借款合同》，约定被告借款 35 万元用于支付上述购房款。2004 年 9 月至 2005 年 10 月期间，原、被告共同偿还贷款 30390.17 元。2005 年 11 月至 2006 年 3 月期间，被告自行按月偿还贷款。上述房屋交付后，被告自行办理房屋入住手续后，在该房屋内居住至今，并于 2006 年 8、9 月间将房屋装修。

2005 年 3 月，原、被告向陈凤玲借款 10 万元。审理中，原告主张该借款用于上述房屋的装修及婚礼。被告主张借款后已将该款出借给原告之兄杨少华，后杨少华将欠款偿还陈凤玲。被告就欠款已偿还的主张，未向本院举证。

另查，原、被告曾于 2005 年 10 月 31 日签订分居协议，约定：分居后财产分配方案如下：双方所共有一套房产，前期投入首付款等款项共计 12.1 万元，其中女方出资 4 万元，男方出资8.1万元；自2005年11月起，房产每月之贷款额按前月之缴纳费用由二人均摊缴纳，直至分居正式实施之日由房产入住方缴纳；二人婚后向陈凤玲借款10万元，后借给男方大哥作投资用，分居后由男方还款；办理房产入住手续所花费用3万余元，由二人双方均摊；分居后房产归男方所有，男方负责装修事宜，并付女方所得款项还于女方，该款项由两部分组成，第一部分，女方所出房产首付款4万元，办理入住手续1.5万元，总房价余款之一半17.5万元，共计23万元。第二部分，待五年后房屋上市后，将作价与原价之差额的一半交与女方；五年后房屋可过户时，女方将房产过户给男方，所花手续费用由二人均摊，女方退男方婚前礼金5000元；分居后二人不得互相打扰，最迟于男方转业后正式离婚。当日，原、被告签订婚前财产证明，写明："两人合买朝阳区翠城一套经济适用房，总房价46.7万余元，其中首付款11.7万元，公积金贷款35万元。首付11.7万元来源如下：（1）女方父母给3万元。（2）男方向同事借款1万元，后由女方住房公积金还款。（3）男方父母给5.5万元。（4）男方存款2.2万元。合计：男方7.7万元，女方4万元……。"审理中，被告主张原告在事后已将上述《分居协议书》、《婚前财产证明》撕毁，协议自撕毁时已不具有效力。对此原告主张其在无意中将《分居协议书》、《婚前财产证明》撕毁，该协议仍具有效力。

审理中，原告主张其2005年11月至2006年5月期间按月给付被告1100元并自2006年6月起按月给付被告2200元用于偿还贷款，但未向本院举证。

审理中，原、被告均主张双方无共同存款、共同债权、有价证券及其他共同财产。

上述事实有下列证据证明：

1. 原告当庭陈述。证实原告与被告于2004年1月认识，2004年12月1日登记结婚，婚后无子女。2006年被告向法院提出离婚，后被法院驳回。原、被告曾于2005年10月31日签订分居协议，后被原告撕毁；双方无共同存款、共同债权、有价证券及其他共同财产。

2. 被告当庭陈述。证实被告同意离婚。原、被告曾于2005年10月31日签订分居协议，后当被告面由原告撕毁；双方无共同存款、共同债权、有价证券及其他共同财产。

3. 结婚证。证实原、被告2004年12月1日登记结婚。

4. 商品房买卖合同。证实2004年4月29日，被告与房地产开发企业签订房屋买卖合同，约定被告购买北京市朝阳区垡头翠成馨园C—A1幢2单元1001号的经济适用房屋，购房款为456330元，其中首付款106330元，以公积金贷款形式支付购房款35万元。

5. 北京住房公积金管理中心个人住房担保委托贷款借款合同。证实2004年8月26日，被告作为借款人与贷款人、保证人签订了《北京住房公积金管理中心个人住房担保委托贷款借款合同》，约定被告借款35万元用于支付上述购房款。

6. 机动车行驶证。证实车牌号为京HR0835的松花江牌客车一辆，现该车辆的所有人登记在被告名下。

以上证据，均经当庭举证、质证，予以确认。

三、法院判案理由

北京市朝阳区人民法院根据上述事实和证据认为：夫妻关系的存续应以感情为基础。现原告要求与被告离婚，被告亦表示同意，故本院准许。关于松花江牌车辆的分割，本院本着尊重双方意见的原则进行判处。关于共同债务，根据原、被告签订的分居协议，原、被告借款后将该款出借给原告之兄。考虑借款的用途，该债务由原告自行偿还为宜。被告主张债务已偿还，但未向本院举证，故本院不予采信。原、被告婚前共同出资购买位于北京市朝阳区垡头翠成馨园C—A1幢2单元1001号的房屋，婚后使用共同财产偿还房屋贷款，该房屋属于原、被告共同房屋。被告主张该房屋属于其婚前财产，缺乏依据。原告以双方于2005年10月31日签订分居后财产分配协议为由要求分得房屋，但因原告在签约后便将协议撕毁，被告亦主张协议自撕毁起不具有法律约束力，且原、被告并未按协议的约定履行，故该协议权利义务自此已终止。对于上述共同房屋，本院将本着方便生活的原则进行分割，由被告使用房屋并自行偿还该房屋贷款余额为宜，且被告应给付原告房屋补偿款。

四、法院判决结果

北京市朝阳区人民法院依据《中华人民共和国婚姻法》第三十二条第二款、第三十九条第一款、第四十一条之规定，作出如下判决：

1. 准许原告杨少民与被告孟丹离婚。

2. 车牌号为京HR0835松花江牌汽车一辆，归原告杨少民所有。

3. 共同债务十万元，由原告杨少民自行负担。

4. 位于北京市朝阳区垡头翠成馨园C—A1幢2单元1001号的共同房屋，由被告孟丹使用；该房屋尚未偿还的房屋贷款，由被告孟丹自行负担。

5. 被告孟丹于本判决生效后十日内给付原告杨少民房屋补偿款二十万元。

案件受理费75元，由原告杨少民负担37.5元，由被告孟丹负担37.5元。

辨法析理

本案的焦点：

（一）原、被告于2005年10月31日签订的分居协议是否有效及解除。

（二）上述分居协议解除后，其中的内容能否作为定案的依据。

焦点一：

一种观点认为原、被告于2005年10月31日签订的分居协议有效。理由如下：

双方自愿签署的分居协议是合法有效的合同，此协议经当庭举证质证，双方均认可曾签署上述协议，虽然该协议在表现形式上存在瑕疵，是碎片拼接在一起的协议，但该协议所反映出的内容是原、被告真实意思表达，即使不认定该协议的书面形式，也应认定该协议的书面形式所表达的原、被告的真实意思表示。

另一种观点认为原、被告于2005年10月31日签订的分居协议虽已生效，但已解除。理由如下：

虽然原、被告双方自愿签署了分居协议，但合同形式上存在的瑕疵，即协议的撕毁，足以使已经生效的分居协议归于解除。原告虽主张其是在无意中将分居协议撕毁，但结合被告的陈述，应认定上述的分居协议已解除。因为原告提交的被拼接的分居协议，是有瑕疵的证据，需要其他证据来加以补强，否则不能作为独立的证据加以认定。结合本案的性质，原告对其主张的分居协议有效负有举证责任，而原告并未加以举证，故不能认定原告的主张，应确定分居协议已解除。笔者同意此种观点。

焦点二：

我们认为协议解除后，其中反映的内容是能够作为认定案件事实的依据。理由如下：

协议虽然已解除，但协议还是曾经生效过，该协议不仅表达了双方的真实意思，也有对客观情况的真实反映，故该协议中反映出的客观情况应当作为认定案情的依据。本案中，分居协议系原告出具，协议中关于“二人婚后向陈凤玲借款10万元，后借给男方大哥作投资用，分居后由男方还款。”的表述，应作为认定债务事实的依据。

编写人：北京市朝阳区人民法院　于洋

二十三、张辉诉王青离婚纠纷案

原告名称：张　辉
被告名称：王　青

一审情况

一、一审诉辩主张

原告诉称：我和被告于 1995 年 8 月因工作相识，1996 年 8 月开始恋爱，1997 年 4 月登记结婚，2001 年 6 月 15 日生一子张智豪。婚后双方由于家庭琐事，经常发生矛盾，自 2003 年 7 月，双方争吵升级，矛盾加深，并从 2004 年 2 月底分居至今，经双方家人调解无和好的可能。2004 年 11 月，我曾向法院起诉要求离婚，法院判处不准予离婚。后双方未能和好，感情彻底破裂。现诉至法院，要求与被告离婚，财产依法分割，孩子由我抚育，被告支付抚育费。

被告辩称：同意离婚。但为了孩子的健康成长，我要抚育孩子，由原告承担抚育费。同意财产依法分割。

二、一审法院认定事实

北京市朝阳区人民法院经审理查明：原、被告于 1995 年 8 月自行相识并恋爱，于 1997 年 4 月 16 日登记结婚，于 2001 年 6 月 15 日育有一子张智豪。双方婚后初期感情尚好，后因家庭琐事经常发生争执，使夫妻感情受到影响。2004 年，原告诉至本院要求与被告解除婚姻关系，本院（2005）朝民初字第 385 号民事判决书驳回原告的诉讼请求。后双方感情未见改善。双方于 2003 年 5 月按揭贷款购买位于北京市东城区安内花园东巷29号院2号楼2单元402号两居室一套，该房价款为1065739元，首付款为380402元，实测面积后补交房款为5337元，贷款数额为680000元，还款方式为180个月等额还款，每月还款5391.58元。截至2006年10月10日，原告还款223455.35元。庭审中，我院委托北京建正合生房地产评估有限公司对上述房产价值进行了评估，评估价额为1152500元。另查明，被告于1992年8月开始在中国粮油食品集团有限公司（以下简称粮油公司）工作，现月收入三千多元，粮油公司于1997年将北京市朝阳区安外小关北里10号楼0214号房屋分配给被告使用，2001年1月15日粮油公司和被告签订《出售公有住房买卖合同》，约定粮油公司以核准的成本价将上述房屋出售给被告，价格为98101.80元，同时约定被告向粮油公司付清房款，并工作十五年（或离退休）后，粮油公司将房屋产权证交给被告。庭审中，被告提交了粮油公司出具的证明，内容为被告在该公司工作不满15年（2007年8月前）的情况下，被告不能取得房产证；遇特殊情况，单位与被告的买卖关系自动终止，单位有权收回房屋，退还购房本金，根据国家有关规定，房屋还不能做上市交易。另查，原告现在昆明行行威贸易有限公司担任经理，月收入10000元。

庭审中，原告称为购买安内花园东巷29号院2号楼2单元402号房屋，其于2003年5月12日向其父亲张永强、母亲杨彩香借款6万元，向其姐姐张颖借款5万元，向其侄女毛芊润借款1.5万元；为装修房屋又于2004年10月向其父亲张永强、母亲杨彩香借款5万元，上述借款以借条为证证明。对此被告认为出借人与原告有利害关系，均不予认可，原告未能进一步举证证明。被告称其于2000年借其友余茜10万元，用于购买小关北里10号楼0214号房屋；于2003年3月借其友周勇3万美元现金，同年5月借其友郭用20万元现金，除其中4万多元用于偿还其友余茜的借款外，其余用于购买安内花园东巷29号院2号楼2单元402号房屋，于2003年2月借其友马金玲5万元现金，用于孩子上幼儿园，上述借款以借条为证证明，对此原告认为出借人与被告有利害关系，均不予认可。

庭审中，双方均表示要抚养张智豪。原告称自己的收入高，有利于孩子受教育，且只有近一年多的时间孩子跟被告一起生活，之前一直是原告父母帮助照看孩子。被告称小孩年纪尚小，小孩一直随其生活，原告在孩子有病的情况下不及时给孩子看病，原告有第三者，不利于孩子的成长。双方对彼此的说法均不予认可。另查明，张智豪自2005年与被告一起生活。

庭审中，被告称原告有第三者，并以原告与徐楠的一张照片和原告及家人与该女性的电话录音为证证明，对此，原告表示认识徐楠，但称只是普通朋友关系。

上述事实有下列证据证明：

1. 结婚证。证明婚姻关系。

2. （2005）朝民初字第385号民事判决书。证明曾起诉的事实。

3. 商品房买卖合同、贷款合同、还款凭证。证明购房情况。

4.《出售公有住房买卖合同》。证明购房情况。

5. 中国粮油食品集团有限证明。证明公房的产权受限制。

6. 张永强、杨彩香、毛芊润、余茜、周勇、郭用证人证言。证明借款情况。

7. 昆明行行威贸易有限公司证明。证明张辉的收入情况。

三、一审法院判案理由

北京市朝阳区人民法院根据上述事实和证据认为：婚姻关系的建立与维系应以夫妻感情为基础。原、被告婚后因家庭琐事产生矛盾以致感情破裂，现双方均同意离婚，本院准许。关于子女抚育问题，本院根据有利于子女成长的原则并结合双方的其他情况判处。关于双方诉争的北京市东城区安内花园东巷29号院2号楼2单元402号房屋，本院根据双方的居住情况等情形判处。关于双方诉争的位于朝阳区安外小关北里 10 号楼 0214 号房屋，双方同意该房屋产权明确后，另案解决，本院不持异议。原告称其曾借款 17.5 万元、被告称其曾借款 3 万美元和 31 万元人民币，均未向本院充分举证，本院不予采信。

四、一审法院判决结果

北京市朝阳区人民法院依据《中华人民共和国婚姻法》第三十二条、第三十七条和第三十九条之规定，判决如下：

（一）准予原告张辉与被告王青离婚。

（二）双方所生之子张智豪由被告王青负责抚育，原告张辉自本判决生效之日起每月给付抚育费一千五百元至张智豪年满十八周岁止。

（三）现位于北京市东城区安内花园东巷 29 号院 2 号楼 2 单元 402 号房屋归原告张辉所有，因该房产生的债务由原告张辉负担。

（四）原告张辉于本判决生效后七日内给付被告王青住房补偿款三十六万四千五百九十七元。

二审情况

一、二审诉辩主张

被告王青不服提出上诉。以原判对抚育费、房子及债务处理不公正为由，要求增加抚育费、房子均归其所有、认定并分割其主张的外债、认定对方有第三者；并要求对方归还孩子的压岁钱 12400 元。张辉同意原判。

二、二审法院认定事实

二审法院经审理查明的事实与原判事实无异。

三、二审法院判案理由

北京市第二中级人民法院认为：婚姻关系的存续应以夫妻

感情为基础。双方婚后因家庭琐事产生矛盾以致感情破裂，现双方均同意离婚，应准许。王青上诉称张辉有第三者、要求增加抚育费、归还孩子的压岁钱、认定并分割其主张的外债，均无有效证据，故其上述上诉请求没有事实依据，本院不予支持。王青上诉要求房屋归其所有没有法律依据，本院亦不予支持。综上所述，原判正确，应予维持。

四、二审法院判决结果

北京市第二中级人民法院依据《中华人民共和国民事诉讼法》第一百五十三条第一款第（一）项之规定，判决如下：

驳回上诉，维持原判。

辨法析理

关于离婚时夫妻共同财产的处理，现有法律规定就是《婚姻法》第三十九条第一款的规定："离婚时，夫妻共同财产由双方协议解决；协议不成时，由人民法院根据财产的具体情况，照顾子女和女方的原则判决。"对于本案涉及的婚姻关系存续期间以按揭贷款方式购买的房屋和以成本价购买的房屋如何处理，我国原有的法律法规中没有相关的明确规定。由此引发以下两个问题：

(一)法院在张辉和王青未偿还完毕银行贷款前，能否在离婚案件中分割房屋？如能分割，房屋增值部分如何处理？

一般情况下，以按揭的方式购买商品房，在进行产权登记的同时，必然会被设定担保物权，而担保物权的存在，对房屋所有权人权利是一种限制。据此，实践中，一部分人认为一方面在贷款没有完全清偿之前，享有抵押权的银行对房屋所有权的转移有进行阻却的权利；另一方面张辉和王青共同向银行贷款，二者对银行贷款的偿还承担连带责任，如果法院判决房屋归一方所有，贷款由一方偿还必然损害银行的利益。

笔者认为以按揭贷款方式购买的房屋，虽然房屋上被设定担保物权，但买房人取得的是全部所有权，并取得了房屋所有权证，应当将该房屋作为夫妻共同财产直接进行分割处理，而对所欠银行的贷款，可以作为夫妻共同债务，依法进行处理。笔者认为，可以判决房屋归一方所有，由其给付对方首付房款及已偿还银行贷款的一半作为补偿，并由其继续偿还银行贷款，这样，不但不会损害银行的利益，反而能够节省诉讼资源，减少当事人的讼累。

对于房屋增值部分，属于婚姻关系存续期间的投资收益，应判归双方共同所有，由分得房屋的一方给付对方一半的补偿。

（二）本案中，王青以成本价从单位购买的房屋是否具备分割条件，如能分割，按成本价分割抑或按市场价分割？

房改房是我国特定历史条件下的产物，具体是指职工单位将公房以工资性货币分配方式出售给职工，职工以标准价或成本价购买，从而对购买的房屋享有部分产权或全部产权的住房。根据《国务院关于深化城镇住房制度改革的决定》第18条之规定，以成本价或标准价购房的，每个家庭只能享受一次。所以，享受住房福利待遇的对象应是夫妻双方，而不是售房单位的职工一方。这种住房的产权应属夫妻双方共有，夫妻任何一方对这种房改房都有平等的处理权。

根据一定的福利政策所购买的房屋，往往与夫妻双方职务、级别、工作年限等相挂钩，购买价格常远远低于房屋的市场价值，所以职工单位在出售公房时往往会有一定限制，例如本案王青的单位在出售房屋时与王青约定只有王青在该单位工作满十五年，才能取得完全产权。根据最高人民法院《关于适用〈中华人民共和国婚姻法〉若干问题的解释（二）》第二十一条规定："离婚时双方对尚未取得所有权或者尚未取得完全所有权的房屋有争议且协商不成的，人民法院不宜判决房屋所有权的归属，应当根据实际情况判决由当事人使用。""当事人就前款规定的房屋取得完全所有权后，有争议的，可以另行向人民法院起诉。"本案双方离婚时，王青在单位仅工作了14年，单位以成本价出售的房屋尚不具备分割条件，法院可以确定使用权。由于双方均同意取得完全产权后再行处理，法院应予准许。

最高人民法院《关于适用〈中华人民共和国婚姻法〉若干问题的解释（二）》第二十条规定：双方对夫妻共同财产中的房屋价值及归属无法达成协议时，可以根据个案的情况、考虑当事人的意愿，采取竞价、评估、拍卖等形式，以便纠纷得到妥善解决。笔者认为，该解释确定的原则是房改房应按市场价分割。因为福利是给予夫妻双方的，所以以成本价购买的住房，在分割时以市场价作为补偿标准是恰当的。分得住房的一方应按等价原则给予另一方相当于该住房一半价值的补偿。

编写人：北京市朝阳区人民法院　何青叶

二十四、徐丽宁诉潘有宏离婚纠纷案

上诉人（原审原告）：徐丽宁

被上诉人（原审被告）：潘有宏

一审情况

一、一审诉辩主张

原告诉称：原、被告均系再婚夫妻，于2002年4月29日办理结婚登记手续，由于婚前原告不尽了解被告情况，而在双方将属于被告在市长堽路6里40号的旧屋拆除新建成现在六层新房后，被告对外声称自己有一栋新房，博得女孩子的好感，借此喜新厌旧，并于今年7月在外租房与第三者同居，两个多月未回，已有私生子。在此之前，被告冷落原告已两年多，经常不在家居住，没有夫妻生活。同时，被告经常向原告要钱赌球，不务正业。原告认为原被告的婚姻关系名存实亡，感情确已破裂，责任在于被告。原告提出离婚，被告也同意。对于财产问题，被告原有长堽路6里40号房产，双方于2002年4月26日签订有协议书，该协议约定的主要条款是：位于长堽路二组二层房产和土地使用证属于被告的婚前财产，原告以借款形式投资将其拆除后重建新房，所建新房产权归双方所有。同时约定房子建好后，如出租，则所有租金先用于偿还原告的投资本金，直到收回全部投资为止，被告不得有任何异议。为此，从2002年6月17日起至2004年5月6日原告共投入建房款近30万元建成现六层新楼房，已从租金收回约4万元，尚欠26万元未收回，但现存的凭据只有221040元。从

2002年到2004年间，该新房租金收入大约是6万元，按照双方之前的协议，这笔钱本该是原告先行收回的投资款，被告不得有异议，但原告仅收回4万元，且被告将该4万元作为其偿还原告的炒股款及利息。而且从2004年开始，楼房的租金收入全部由被告拿去支配，为维护原告的合法利益，特请求人民法院判令：1. 解除原、被告的婚姻关系；2. 被告承担婚姻纠纷的过错责任；3. 被告共同承担夫妻共同债务，向原告支付借款人民币110520元及利息28427.24元（暂计从2002年6月17日至2006年10月30日止至付完款为止）；4. 平均分割夫妻共有位于长堽路6里40号价值35万元房产及其他共有家用财产；5. 被告承担全部诉讼费用。

被告辩称：我与原告于1996年11月经人介绍认识恋爱，1997年下半年开始在原告家中一起居住，同居6年后，我们的感情也到非你不娶、非我不嫁的境地，2002年4月29日，我们领取了结婚证，这样的婚姻能说不尽了解吗？原告说我在外租房两个月有私生子，这不是事实。那份抚养费纠纷的判决书也是（1999）郊民初字第144号的延续，即追加抚养费而已。原告说我冷落她也不对，是原告自己见异思迁，经常深夜不归，生活作风不检点，我一直都没有责怪，原告说我不务正业，事实是我从2005年5月29日至今快两年都在振宁物业上班。关于婚前的协议，我一直都认为该份协议存在霸王条款，协议内容部分违反了《民法通则》公平、公正的原则。即便这样，我也已履行了协议，而不是原告所说的我根本违约。原告从2003年5月9日至2006年6月29日共收取租金136114元。婚姻期间我向原告借款177059元而不是221040元，而且当时我们并没有约定利息，且我不认为该借款是夫妻共同债务，因为夫妻共同债务应是对第三人而言的对外债务。房子是婚后我向原告借款改建的，我认为应属于我个人财产，原告一方面要求我偿还建房的钱款给她，一方面又主张共同分配新房，这种行为表明了原告以结婚来达到抢夺被告房产的目的，被告不接受。综上所述，请求人民法院驳回原告的诉讼请求。

二、一审法院认定事实

南宁市青秀区人民法院经公开审理查明：原告徐丽宁与被告潘有宏于1996年11月经介绍认识，于2002年4月29日在南宁市新城区人民政府登记结婚。双方婚后未生育子女。由于原、被告为生活琐事发生矛盾，2006年12月28日原告以夫妻感情破裂为由诉至本院要求与被告离婚，并提出前述诉讼请求，被告则答辩如前。本案在审理过程中，被告表示同意离婚。另查明，2002年4月26日，原告（乙方）与被告（甲方）签订协议书一份，约定：甲、乙双方为了方便处理婚后不可预见的事情，本着自愿的原则，订立如下协议：1. 乙方原有现金叁拾伍万元整属婚前个人财产；2. 甲方位于长堽村二组（即十九中旁）二层房产和土地使用权属婚前个人财产；3. 如甲、乙双方婚后拆旧建新房，乙方出全部资金，新建房屋产权归甲、乙双方共有。4. 如婚后甲、乙一方违反道德规范及有关法律（对损害夫妻利益行为而言），违反方自愿搬走，不得居住和分割财产。5. 婚后所建房子如有出租收入则先还乙方投建本金，甲方不得异议。6. 甲方和乙方子女有权居住，财产共同继承。7. 未尽事宜，双方协商解决，本协议甲乙双方及两个证人签字后生效。庞秀兰和徐卫宁作为见证人在该协议上签名。2002年6月27日，经南宁市规划管理局审定，对建设单位为潘有宏（被告）、建设项目名称为私房改建、建设位置为津头乡长罡二组、建设规模为194.4平方米（2层）的建设工程准予建设，并颁发2002私建字第1090号建设工程规划许可证。另查明，被告向原告出具2002年6月17日至2003年7月23日的借徐丽宁现金建房记录载明为了建房被告向原告借款共计198917元。2002年9月13日，被告向原告出具借条一张，载明：兹借到徐丽宁现金贰万贰仟壹佰贰拾叁元整（￥22123）用于建房子。原告记录的“徐丽宁已收房租部分列表”载明2003年5月9日至2006年9月11日期间原告收租金共136114元。夫妻关系存续期间的共同财产还有：兼容电脑一台，长虹29寸彩电一台，木沙发一套（一长两短）。

上述事实有下列证据证明：

1. 结婚证一份；

2. 2002年4月26日徐丽宁与潘有宏签订的《协议书》；

3. 2002私建字第1090号建设工程规划许可证；

4. 2002年9月13日潘有宏向徐丽宁出具的借条；

5. 2003年5月9日至2006年9月11日期间“徐丽宁已收房租部分列表”；

6. 潘有宏向徐丽宁出具的2002年6月17日至2003年7月23日期间“借徐丽宁现金建房记录”。

三、一审法院判案理由

南宁市青秀区人民法院经审理认为：婚姻是以感情为基础的，原、被告虽自愿结婚，但婚后未能互相尊重、信任，为家庭生活琐事发生矛盾，又未能加强沟通与谅解，导致夫妻感情破裂。如继续维持这种婚姻关系，只能给双方带来精神上的痛苦，而且无益于双方的正常生活。现原告提出离婚，被告亦同意离婚，应予准许。原告提出被告2006年7月在外与第三者同居并有私生子，因未提供确凿证据证实，本院不予采信。故原告要求被告承担婚姻破裂的过错责任，本院不予支持。位于南宁市津头乡长罡二组建设规模为194.4平方米（2层）的私房，系原、被告于婚姻存续期间建造，根据双方婚前约定及《中华人民共和国婚姻法》第十九条的规定，应认定为夫妻共同财产，但鉴于目前该房屋尚未取得所有权证，依照最高人民法院《关于适用〈中华人民共和国婚姻法〉若干问题的解释（二）》第二十一条之规定，不宜判决房屋所有权的归属，考虑到目前原、被告均无其他居所，故本院根据实际情况判决由原、被告共同居住使用。因该房屋第三、四、五、六层不属于2002私建字第1090号《建设工程规划许可证》许可范围，故本院对其权属及使用问题不予处理。其他共同财产分割问题，本院根据双方具体情况和意见作适当处理。庭审中，原告主张珠峰125摩托车（车牌号桂A—A8522）一辆亦属夫妻共同财产，因未提供证据证实且被告对此予以否认，故本院不予采信。根据原、被告双方婚前财产约定及被告出示给原告的“借徐丽宁现金建房记录”和2002年9月13日的“借条”，原、被告婚姻存续期间被告从原告婚前个人财产处借款共计221040元，虽然该借款的债权人不是第三人而为夫妻中特定的一人即原告，但因该借款用于夫妻的共同生活，应认定为夫妻共同债务，原、被告应共同偿还。原告主张建房期间该借款的利息56954.466元亦应作为夫妻共同债务共同分担，因双方并未约定利息，故本院不予支持。根据原告记录的“徐丽宁已收房租部分列表”，原告已收房屋租金136114元，按照原、被告婚前约定，该租金用于偿还建房时原告投资本金，原告主张该租金收入均用于家庭共同生活，因未提供确凿证据证实，本院不予采信。故被告还应偿还原告42463元［（221040－136114）元÷2＝42463元］。

四、一审法院判决结果

南宁市青秀区人民法院依照《中华人民共和国婚姻法》第十九条、第三十二条第三款第（五）项、第三十九条之规定，判决如下：

（一）准予原告徐丽宁与被告潘有宏离婚。

（二）位于南宁市津头乡长罡二组建设规模为194.4平方米（2层）的私房，在该房屋所有权分割之前，第一层由原告徐丽宁居住使用，第二层由被告潘有宏居住使用。

（三）共同财产分割如下：兼容电脑一台归原告徐丽宁所有，长虹29寸彩电一台、木沙发一套（一长两短）归被告潘有宏所有。

（四）被告潘有宏偿还原告借款42463元。

（五）驳回原告徐丽宁的其他诉讼请求。

案件受理费40元，其他诉讼费100元，财产费4940元，三项合计5080元，由原告徐丽宁承担2540元，由被告潘有宏承担2540元。

二审情况

一、二审诉辩主张

上诉人（原审原告）诉称，一、原判决对位于南宁市津头乡长罡二组建设规模为194.4平方米的私房只处理其中两层，另外四层不作处理是错误的。原审已经认定位于南宁市津头乡长罡二组建设规模为194.4平方米的私房系夫妻共同财产，虽然目前房屋未取得所有权证，不宜判决所有权的归属，可以作出使用的处理，并对其进行分割。但对其中第三、四、五、六层因为没有办理《建设工程规划许可证》却不作出使用的处理，是不恰当的。虽然第三、四、五、六层未经批准、私自搭建的建筑是违章建筑，是不能合法转让和按正常房屋的价值评价的。但在没拆除之前它仍是他们夫妻共同所有的财产，具有使用价值。一审不予处理的理由是错误的。首先，根据民法物权理论共识，虽然产权凭证还没有明确，但是实际上已经产生占有、使用、收益、处分等行为。毕竟产权凭证是国家有关部门颁发的一种书证，是国家对合法产权的确认，是一种政府行为，而所有权是物权的一种，是对自己财产占有、使用、收益、处分的权利。尽管第三、四、五、六层乃至有《建设工程规划许可证》的第一、二层没有所有权属证明，但是有使用、收益的存在，理应作出处理的判决。其次，第三、四、五、六层是否属于违章建筑，违章建筑如何处理，则是土地管理部门的事，他们会依法处理。在未明确违章建筑前，只要是财产所得，根据国家有关法律规定，都属于合法收入，对夫妻共同生活期间共同所有的合法财产，按婚姻法的规定，在离婚时是应按夫妻共同财产分割的。第三、四、五、六层的使用会带来收益，原审未作处理，将会带来财产的再争议。再次，违法行为所产生的法律关系仍应受到法律调整而不是弃之不管。违章建筑不能取得政府的产权证，因而不能有效流通，这本身也是处罚，当然更可能会被施以强制拆除、罚款等处罚。但并不能因此而对其不作处理。最后，司法解释已明确指出对违章建筑引起的财产纠纷应予管理。根据1993年11月24日最高人民法院法发（1993）37号《全国民事审判工作座谈纪要》第二点第四项的规定，违章建筑引起的纠纷，人民法院可以受理，只有违章建筑的认定和拆除才由行政部门处理。因此，上诉人认为原审对其中第三、四、五、六层因为没有办理《建设工程规划许可证》却不作出使用的处理是不恰当的。二、原审判决认定上诉人收取房屋资金136114元没有用于家庭使用是错误的。双方从2002年4月29日登记结婚到2005年6月期间，一直没有收入。即使到2005年7月被上诉人参加工作后，也只是每个月700元的工资。两人婚后五年总收入相加才7000元左右，期间，被上诉人要支付其女儿抚养费300元/月。而且日常开销巨大，双方建有家庭开支账本，月支出均超出2000元。该账本上诉人已向法院举证，而且被上诉人经常参与赌球。原审法院对此竟视而不见，不予采信，令人费解。因此，原审判决上诉人收取房屋资金136114元没有用于家庭使用是错误的。综上，本案在事实认定、法律适用上均存在不当之处，以致判决不公，请求二审法院：一、撤销一审判决第二项，改判位于南宁市津头乡长罡二组建设规模为194.4平方米的私房，每人各暂时使用三层；二、改判潘有宏偿还徐丽宁借款110520元；三、二审诉讼费由潘有宏负担。

被上诉人（原审被告）辩称：一审判决房屋是共同财产

欠考虑。根据双方约定第二条，原有二层房屋和土地所有权是我所有，且婚内由我个人单独借款出资筹建，另约定通过租赁收入而还给其本人；另外根据协议第四条，新建房屋产权只有取得登记权的才能共同所有，其他不再约定范围的建筑纯属个人行为，只有通过合法途径取得的财产，才有占有、使用、收益和处分的权利。上诉人引用最高法发（1993）37号《全国民事审判工作座谈纪要》第二点第四项规定不正确。上诉人收取的136114元租金行为符合约定之第6条；2001年9月，我和徐丽宁在东葛路79号2楼开了一间芳草地婚姻服务部，专门从事婚介工作，月收入不低于2000元，2002年7月，我开始筹备建房，婚介所由上诉人打理，一直到2004年下半年，该婚介所不间断地经营，这期间我们都是有收入的。所以上诉人认为2002年4月至2005年6月双方没有收入的说法是错误的，综上，请求驳回上诉人的上诉请求。

二、二审法院认定事实

南宁市中级人民法院经审理，确认一审法院认定的事实和证据。

三、二审法院判案理由

南宁市中级人民法院经审理认为：一、关于位于南宁市津头乡长罡二组的房产应如何分割的问题。位于南宁市津头乡长罡二组建设规模为194.4平方米（2层）的房产，系徐丽宁、潘有宏于婚姻存续期间建造，应认定为夫妻共同财产，但鉴于目前该房屋尚未取得所有权证，不宜判决房屋所有权的归属，考虑到目前徐丽宁、潘有宏均无其他居所，故根据实际情况确定第一层由徐丽宁居住使用，第二层由潘有宏居住使用。因该房屋第三、四、五、六层不属于2002私建字第1090号《建设工程规划许可证》许可范围，未取得合法的建房手续，故对其权属及使用问题不予处理。徐丽宁认为对争议房产的第三、四、五、六层应作出使用权的处理，理由不充分，不予支持。

二、关于潘有宏欠徐丽宁多少债务的问题。根据徐丽宁、潘有宏双方婚前财产约定及潘有宏出具给徐丽宁的“借徐丽宁现金建房记录”和2002年9月13日的“借条”，徐丽宁、潘有宏婚姻存续期间潘有宏从徐丽宁婚前个人财产处借款共计221040元，因该借款用于夫妻的共同生活，应认定为夫妻共同债务，原、被告应共同偿还。根据徐丽宁记录的“徐丽宁已收房租部分列表”，徐丽宁已收房屋租金136114元，按照徐丽宁、潘有宏婚前约定，该租金用于偿还建房时徐丽宁投资本金，故徐丽宁、潘有宏的共同债务有84926元。潘有宏应偿还徐丽宁债务42463元。徐丽宁主张租金收入均用于家庭共同生活，不能作为归还其借款，证据不充分，不予采信。综上，一审判决认定事实清楚，处理正确，本院应予维持。上诉人上诉理由不充分，不予采信。

四、二审法院判决结果

南宁市中级人民法院依照《中华人民共和国民事诉讼法》第一百五十三条第一款第（一）项之规定，判决如下：

驳回上诉，维持原判。

二审案件受理费40元，其他诉讼费100元，由上诉人徐丽宁负担。

辨法析理

本案需要探讨的是夫妻婚内借条的效力和认定问题。借条属于借款合同的一种记载形式，而借款合同是我国合同法中明确的列名合同，合同法对合同主体的规定是公民、法人及其他组织，也就是说夫妻间婚内订立借款合同并不违背合同法规定的关于形式和主体的规定，问题在于：第一，夫妻关系存续期间对于借款性质的认定，即夫妻关系存续期间夫妻双方对夫妻共同财产作出或未作出明确约定的情况下，借条所约定的借款是否属于夫妻间其中一方的财产。第二，对于借款的使用是否会使这种特殊的借贷关系的法律后果发生变化。第三，对用借条确定的借款用于夫妻共同生活或购置夫妻共同财产时，该借条的借款应如何认定。

本案中的原告徐女士与被告潘某之间虽然是夫妻关系，但彼此间的相互借贷仍然具有一般公民借贷的共同特点。《婚姻法》关于夫妻间婚前财产、婚后财产、婚姻关系存续期间的债权债务等问题的规定，都体现了契约自由的原则，有协议的从其协议。涉及婚姻家庭关系时，《婚姻法》第十九条第一、二款规定："夫妻可以约定婚姻关系存续期间所得财产以及婚前财产归各自所有、共同所有或部分所有、部分共同所有。约定应当采用书面形式。""夫妻对婚姻关系存续期间所得的财产以及婚前财产的约定，对双方具有约束力。"由此规定，可见我国婚姻法对夫妻财产的规定，采用了约定优于法定的模式，如男女双方对婚姻关系存续期间取得的财产作了明确约定，从民法意思自治的角度出发，法律对该种约定予以保护。结合本案，原告徐女士借款给被告潘某，虽然发生在婚姻关系存续期间，但被告出具的借条，应视为双方对部分财产归属作了书面约定。因此，从上述规定可以看出，夫妻间借款是法律所允许的，如果借款的事实被认定，就会受到法律的保护。本案中，被告潘某出具给原告徐女士的借条及借款记录，体现的正是原告的债权和被告的债务，双方的借贷关系成立。根据双方的协议，221040 元借款为原告徐女士的婚前个人财产，本案中的借条不同于一般的夫妻间婚内借条，双方在协议书中已约定了该借款为徐女士的婚前财产，故借条所载借款应认定为个人财产，不能按夫妻共同财产计算。

关于该 221040 元借款是否为夫妻共同债务的问题，对本案而言，被告潘某向原告徐女士所借款项用于建造南宁市津头乡长罡二组建设规模为194.4平方米（2层）的房产，该房产用于夫妻共同生活，系夫妻共同财产，那么被告潘某为建造该房产所借款项如果由被告潘某独自承担还款义务的话，则显然违背了《婚姻法》第十三条“夫妻在家庭中地位平等”的规定，同时也显失公平。假设该借款系原告徐女士向第三人所借，继而借给被告潘某用于夫妻共同财产，则该款项系夫妻共同债务无异议。本案中，借款的债权人系原告徐女士，即夫妻中的一方，但该债权并不因原、被告夫妻关系的特殊身份而归于混同后消灭，则应视为原、被告的夫妻共同债务，虽然债务人之一的徐女士即该借款的债权人，属于她的该部分债权债务由于系同一人享有和承担，系混同而归于消灭，但作为共同债务人的潘某的责任并未免除，其应向债权人即徐女士偿还其应承担的债务。故一、二审法院据此认定被告潘某出具给原告徐女士的借条及借款记录合法有效，且上述借款系原、被告的夫妻共同债务，原、被告应共同偿还，两级法院的合理认定体现了法律的公平性和逻辑性，维护了当事人的合法权益。

编写人：广西壮族自治区南宁市青秀区人民法院　赵会

二十五、陈瑞虹诉孙伟离婚纠纷案

原告名称：陈瑞虹

被告名称：孙　伟

一、诉辩主张

原告陈瑞虹诉称：原、被告在2002年1月相识，于2003年10月2日在泉州办理了结婚登记手续，婚后夫妻感情一般。2004年11月18日生育一子，名孙铭钦。双方婚后无夫妻共同财产，在外无债权债务。请求：1. 判决原、被告离婚；2. 婚生子孙铭钦由原告抚养，被告应每月支付500元抚养费；3. 将婚生子孙铭钦改为母亲姓，即改为陈铭钦。

被告孙伟书面辩称：1. 同意离婚；2. 同意小孩改随母姓；3. 同意每月支付人民币500元作为孩子的生活费。

二、法院认定事实

鲤城区法院经公开审理查明：原、被告于2002年1月相识后，即于2003年10月2日在泉州办理了结婚登记手续，2004年11月18日生育一子名孙铭钦。原、被告婚后夫妻感情一般，无夫妻共同财产，在外无债权债务。从2005年3月份起，被告离家至今未回。

以上事实有原告提供的结婚证、陈瑞虹及孙铭钦常住人口登记卡、孙铭钦出生医学证明及当事人的陈述为证，应当确认。

三、法院判案理由

鲤城区人民法院根据上述事实和证据认为，被告从2005年3月份起离家至今未回，与原告分居已达二年之久，原告起诉离婚并要求婚生子孙铭钦由原告抚养，被告每月支付500元抚养费，对此被告也书面答辩同意离婚并同意每月支付人民币

500元作为孩子的生活费，因此，原告的这一请求应予以支持；原告提出将婚生子孙铭钦改为母亲姓的主张，法院认为，子女出生后，经父母协商确定下来的子女的姓名，父母中任何一方一般不得随意改变；在父母双方离婚时，父母可以协商变更未成年子女的姓名，本案被告在书面答辩时也同意变更婚生子孙铭钦改随母姓，原、被告对此不存在纠纷，因此，原、被告可自行到相关部门办理是否变更婚生子孙铭钦姓名的手续，因原告提出将婚生子的姓名由“孙铭钦”改名为“陈铭钦”的请求不属于法院民事诉讼的主管范围，故原告提出的这一诉讼请求不予支持。被告孙伟经本院传票合法传唤，无正当理由拒不到庭，本院依法缺席审理和判决。

四、法院判决结果

鲤城区人民法院依照《中华人民共和国民事诉讼法》第六十四条第一款、第一百三十条、《中华人民共和国婚姻法》第二十二条、第三十二条第二款第（四）项、第三十六条之规定，判决如下：

（一）准许原告陈瑞虹与被告孙伟离婚；

（二）婚生子孙铭钦由原告陈瑞虹抚养，但仍是原、被告双方之子，被告孙伟每月必须支付抚养费500元至婚生子十八周岁时止。

（三）驳回原告其他诉讼请求。

本案诉讼费300元由原告负担。

辨法析理

（一）关于如何确定子女姓氏的问题

《中华人民共和国婚姻法》（以下简称《婚姻法》）第二十二条规定，“子女可以随父姓，可以随母姓。”关于子女出生后姓氏如何确定的问题，法律没有作出强制性的规定，是随父姓还是随母姓由父母双方协商确定，而不是像过去那样，必须遵从子女只能随父姓的传统。《婚姻法》第二十二条的规定充分体现了社会主义制度下男女平等的原则，其立法宗旨在于保护已婚妇女的姓名权。

(二)父母离婚时，父或母一方是否可以变更子女姓氏的问题

子女出生后，经父母协商确定下来的子女的姓名，父母中的任何一方一般不得随意予以改变，否则的话，就是把父母双方均享有的子女随其姓的权利，变为自己一人独有，实际上是侵害了对方享有的子女随其姓的权利。至于父母离婚时，父或母一方是否可以变更子女姓氏的问题，最高人民法院曾对此问题作出过司法解释，即父母双方离婚时，父母双方可以协商变更子女的姓名，经协商未达成协议的，任何一方不得擅自改变子女原用的姓名；离婚后，父母任何一方未经对方许可，单方面将子女的姓氏改姓是不当的，如果生父或生母提出异议，另一方应恢复子女原来的姓名。而经父母双方协商确定的子女的姓名，待子女长大成人后，成为具有民事行为能力的人，子女有权决定更改自己的姓名，父母对此不能加以阻止。

(三)在离婚诉讼中，父母双方均同意变更子女姓氏，并提出由法院直接判决的诉讼请求，法院是否应支持

任何国家机关都有法律规定的主管范围。法院是国家的审判机关，是统一行使国家审判权的机关，法院在民事诉讼中的主管，是指法院受理民事案件的权限范围。确定民事诉讼的主管，也就是划定法院在民事诉讼中的受案范围，明确哪些纠纷属于法院民事审判权的范围，哪些纠纷不属于民事审判权的范围，从而解决法院和其他国家机关、社会组织在解决民事纠纷上的分工和权限问题。本案原、被告虽然对变更子女姓氏均无异议，但因原告提出将婚生

子的姓名由“孙铭钦”改名为“陈铭钦”的诉讼请求不属法院民事诉讼的主管范围，原、被告双方可自行到相关部门办理是否变更婚生子孙铭钦姓名的手续，故原告提出的这一诉讼请求法院不应予以支持。

编写人：福建省泉州市鲤城区人民法院　黄春屏

二十六、柯玉成诉傅丹蓉、傅晋南、张丽红婚约财产纠纷案

原告名称：柯玉成
被告名称：傅丹蓉
被告名称：傅晋南
被告名称：张丽红

一、诉辩主张

原告柯玉成诉称：2005 年春，原告与被告傅丹蓉确立恋爱关系，同年农历 4 月 17 日在被告家举行订婚仪式，订婚时，原告将聘礼人民币 88800 元送交给三被告收执，订婚之后，因被告傅丹蓉悔婚，三被告拒不退还彩礼，请求判令三被告共同返还彩礼人民币 88800 元。

被告傅丹蓉辩称：1. 原告诉称本人的父、母亲收到其订婚时的聘礼人民币 88800 元，缺乏充分的事实和法律根据。2. 按本地习俗，订婚时的彩礼只有 2 万元左右，原告在订婚时没有违背当地的习俗，在订婚时，原告送给本人的彩礼只有人民币 22000 元，是本人收取。这 22000 元按当地习俗用于包红分给其堂亲的，且这 22000 元是原告自愿送的，本人无须退还，请求驳回原告的诉讼请求。

被告傅晋南、张丽红辩称：原告与傅丹蓉订婚时，并未要求原告送聘礼人民币 88800 元，同时也没有收到聘礼 88800 元。因此，原告诉请要求其返还彩礼 88800 元，缺乏事实依据，应驳回原告对其的诉讼请求。

二、法院认定事实

南安市人民法院经审理查明，2005 年农历 4 月 17 日，原

告柯玉成与被告傅丹蓉在被告家中按当地习俗举行订婚仪式，订婚时，原告送彩礼及金首饰给被告。订婚后，原告柯玉成与被告傅丹蓉至今未办理结婚登记手续，2006 年 11 月间，被告傅丹蓉的母亲出面将订婚的金首饰退还给原告，被告傅丹蓉未退还订婚的彩礼，为此，原、被告发生纠纷，原告于 2007 年 5 月 21 日向本院提起诉讼，要求三被告共同返还彩礼人民币 88800 元。在法院主持调解过程中，原告要求被告返还彩礼人民币 53000 元，被告承诺支付给原告人民币 44400 元，因此，经调解未果。

三、法院判案理由

南安市人民法院经公开开庭审理认为，原告柯玉成与被告傅丹蓉按当地农村习俗举行订婚仪式，因原告未能提供充分的证据证明送给被告的彩礼是 88800 元的依据，且被告不认可其彩礼是 88800 元，原告要求返还彩礼 88800 元，缺乏事实和依据，依法不予支持；因被告也未提供证据证明原告送给的彩礼是 22000 元，不予采信；在本院主持调解中，原告要求被告支付 53000 元、被告要支付给原告 44400 元，虽双方当事人的调解意见不能作为判决的根据，但本案可参考双方的调解意见酌情确定被告应返还给原告的彩礼为人民币 48000 元。原告要求被告傅丹蓉返还其订婚时的彩礼，合理合法，依法应予支持，原告要求被告傅晋南、张丽红共同承担返还其彩礼的义务，因原告未能提供证据证明被告傅晋南、张丽红有收取原告彩礼的依据，且被告傅晋南、张丽红不认可有收取或保管原告送给的彩礼。因此，原告要求被告傅晋南、张丽红共同返还其彩礼，缺乏事实和依据，依法不予支持。

四、法院判决结果

南安市人民法院根据最高人民法院《关于适用〈中华人民共和国婚姻法〉若干问题的解释（二）》第十条第一款第一项的规定，判决如下：

（一）被告傅丹蓉应于本判决生效后10日内返还给原告柯玉成人民币48000元。

（二）驳回原告的其他诉讼请求。

宣判后，原、被告双方均未上诉，此案审结。

辨法析理

本案的问题有两方面：

（一）被告傅晋南、张丽红是否符合本案的诉讼主体，是否应共同承担返还彩礼之义务。

如何确定婚约财产纠纷案件的诉讼主体，存在两种观点：第一种观点认为应将订立婚约的男女双方列为诉讼当事人，其理由是婚约财产赠送和收受的对象既是特定的，又是单一的，也就是男女双方为诉讼当事人。第二种观点认为应将订立婚约的男女双方及其父母列为诉讼主体，其理由是涉及订立婚约财产既有男女双方的，又有双方父母的。笔者同意第二种观点。确定婚约财产纠纷案件的诉讼主体，不仅要考虑婚约问题，更重要的是要考虑财产权属问题。就本案而言，按农村当地习俗举行订婚仪式，由男女双方父母主持，因为订婚的男女双方一般在经济上不独立，经济基础差，男女所给付的财产主要来自家庭共有财产，而收受方除个人使用的物品外也并非完全由订婚女方个人支配，因婚约引起的财产纠纷不仅涉及订立婚约双方的个人利益，同时也涉及双方父母的合法权益。婚约财产纠纷诉讼中，当事人享有的是返还占有物的请求权，只有财产所有人才拥有此项权利。因此，应将订立婚约的男女双方及其父母列为共同原告或共同被告参加诉讼。就本案，原告柯玉成以自己身份参加诉讼，将傅丹蓉及其父母列为共同被告参与诉讼并无不当。

本案中，收受财物方应由谁承担返还责任，因原告未能提供证据证明被告傅晋南、张丽红有收取或保管彩礼的依据，被告傅晋南、张丽红又不认可有收取或保管彩礼一事，且被告傅丹蓉认可彩礼是其收取并保管。因此，被告傅晋南、张丽红未占有其彩礼，不承担返还彩礼的义务。

（二）本案应如何确定返还彩礼的数额。

首先应明确婚约财产是何性质、如何处理婚约财产。

一般都这样认为，婚约财产是一种附条件的赠与行为，有两种观点。第一种观点认为，婚约财产属于一种无效民事行为，其附条件违背我国《婚姻法》的婚姻自由，限制了公民的婚姻自主权。第二种观点，婚约财产所附条件即为结婚，当附条件不能成立时，赠与行为停止生效，受赠方即有返还受赠物的义务。

本案在审理中，对婚约财产的处理，不采用上述两种观点，其理由是：

以结婚作为附属条件，违反了我国《婚姻法》关于婚姻自由权的规定。结婚自由是指公民有权自己做主，决定其婚姻状况，即与谁结婚、是否结婚、何时结婚，不受任何组织和个人的强制和干涉。再者，我国《合同法》第一百九十条规定："赠与可以附义务；赠与附义务的，受赠人应当按照约定履行义务。"附义务赠与是指赠与人在赠与时使受赠人负担一定义务的赠与。赠与附义务，赠与人向受赠人交付赠与的财产后，受赠人应当按照约定履行其义务。受赠人接受赠与后，能履行义务而不履行时，赠与人有权请求其履行义务，或撤销赠与，要求返还所赠财物。就本案而言，给付财物一方所享有的只能是返还占有物的请求权而不能诉请要求对方履行与其结婚之"义务"。因此，将婚约财产定性为附条件的赠与的观点缺乏理论和法律依据。因为婚约虽然不具有法律约束力，但对男女双方自愿订立婚约在法律上并不禁止，订立婚约而给付与接受财物的行为，以无效民事行为所产生的法律后果是恢复原状、返还财物并赔偿损失，同样不适用于处理婚约财产纠纷。所以，婚约财产不应被认定为无效民事行为。

婚约财产可分为两类不同性质：一类是当事人基于订立婚约而由一方赠与另一方或由双方相互赠与的财产；另一类是当事人依据当地的风俗习惯，如给付对方大量现金、其他贵重物品等，另一方当事人按当地的风俗习惯而取得的财产属于一种事实上的占有，并不发生财产所有权的转移。婚约解除后，占有人是一种不当得利的利益，财产所有人负有不当利益之义务。但由于接收方是基于风俗习惯而取得的财产占有，并无主观恶意。对婚约财产的返还，除适用不当得利的规定外，同时应适当考虑双方实际情况及当地的风俗习惯，适用“公平原则”酌情减轻收受财物一方的返还责任。

本案对婚约财产的处理，就是以上述观点进行处理。在审理中，原告柯玉成认为送的彩礼是88800元，被告傅丹蓉认为接受的彩礼是22000元，双方均未能提供证据，因此，对订婚时的彩礼数额是多少难以认定。订婚时按当地风俗习惯，接受彩礼的女方应办酒席，需要一定的花销，且在本院主持调解过程中，原告要求被告返还彩礼是53000元，被告要求返还44400元，因此，本案参考双方调解意见酌情确定应返还的彩礼为人民币48000元。

编写人：福建省南安市人民法院　杨昌和

二十七、阙秋平、陈琳琳诉陈延求、温吓花法定继承纠纷案

原告名称：阙秋平

原告名称：陈琳琳

被告名称：陈延求

被告名称：温吓花

一、诉辩主张

原告及其委托代理人诉称：其系两被告儿媳。2003 年初，其与两被告儿子陈诗叔相恋，同年 11 月 25 日在福鼎市民政局办理结婚登记，后于 2005 年 2 月 18 日生育女孩陈琳琳。2006 年 3 月 16 日，其丈夫陈诗叔在龙岩市永定县抚市镇中湖煤矿做工时不幸身亡。其与两被告及煤矿业主，在当地有关部门的调解下，对陈诗叔死亡的损害赔偿达成协议，即由煤矿业主一次性赔偿各项费用 165000 元，该款通过汇款方式存入被告在中国农业银行福鼎市支行的账号，由两被告保管，两被告许诺回家后将属于原告阙秋平和孩子的份额支付给原告。可是两被告经多次催讨至今不还，并多次赶其出门，而不许原告将女儿抱走抚养，致其无处居住。该赔偿款 165000 元，扣除丧葬费 8573 元及女儿抚养费 74749 元外，遗产为 81678 元，每人应得 20419.5 元，原告已领 7000 元。现诉至法院，要求两被告返还其应得的遗产 13419.5 元，返还其女儿陈琳琳应得遗产及抚养费 95168.5 元（其作为监护人保管该款），本案诉讼费用由两被告承担。

被告及其委托代理人的辩论意见：第一，原告起诉内容部分不实，在儿子不幸去世后，原告招一男子入赘，后受该男子

挑拨，原告不想继续住在家里，进而起诉被告。第二，原告主张陈琳琳抚养费 74749 元以及遗产 81678 元的计算方法不正确。第三，被告确实保管赔偿款 165000 元，但所剩不多，扣除代为偿还儿子生前所欠债务，为儿子做墓及做迷信支出费用，以及原告和亲属拿走部分钱款，合计 115900 元，尚有 49100 元。

二、法院认定事实

福建省福鼎市人民法院经公开审理查明：原告阙秋平为被告陈延求、温吓花儿媳，原告与两被告儿子陈诗叔于 2003 年 11 月 25 日登记结婚，于 2005 年 2 月 18 日生育女孩原告陈琳琳。2006 年 3 月 16 日，原告阙秋平丈夫陈诗叔在龙岩市永定县抚市镇中湖煤矿做工时不幸身亡。原告阙秋平及两被告与煤矿业主经调解，对陈诗叔死亡的损害赔偿费用达成协议，即由煤矿业主一次性赔偿死亡赔偿金、供养亲属抚恤金（含子女抚养费、父母赡养费以及其他被扶养人生活费）、丧葬费、家属精神损害赔偿金、差旅费等各项费用 165000 元，该款通过汇款方式存入被告陈延求在中国农业银行福鼎市支行的账号，由两被告保管，在永定县处理事故期间的食宿费和死者的火化费由煤矿业主支付。在庭审中，原、被告双方争议的焦点是：1. 关于“165000 元中符合法律规定的各项费用的具体数额”问题；2. 关于“死者陈诗叔生前是否有外欠债务以及两被告是否有权从赔偿款中代为偿还”问题；3. 关于“两被告在处理陈诗叔丧事中所支出的费用及其他费用”问题。围绕争议焦点，通过原、被告举、质证，本院认定的事实如下：1. 赔偿款 165000 元中，包括丧葬费 7801.5 元、陈琳琳的抚养费 3015.22 元 × 17 年/2 = 25629.37 元、陈诗叔的死亡赔偿金 4089.33 元 × 20 年 = 81786.6 元、差旅费 4000 元，余款 45782.53 元为原、被告精神损害赔偿金。2. 两被告有权从赔偿款中代为偿还死者生前欠曾吓红 2000 元债务。3. 两被告在处理陈诗叔丧事中所支出的费用为做墓15000元和原告阙秋平领款7000元及生活费2000元、原告陈琳琳抚养费12000元等其他费用。

上述事实有下列证据证明：

1. 福建省统计局于2006年3月27日公布的2005年全省经济运行统计数据。证明该统计数据在达成协议之后公布。因此，只能适用2005年2月7日发布的福建省2004年国民经济和社会发展统计公报统计数据。

2. 原告阙秋平及两被告与煤矿业主于2006年3月23日经调解，对陈诗叔死亡的损害赔偿费用达成的赔偿协议书。证明两被告未能提供证据证明其属于丧失劳动能力又无其他生活来源情形，不属于被扶养人，因此可以认定赔偿款165000元不包括两被告的赡养费。其次，对于陈琳琳的抚养费是按城镇居民人均消费支出标准计算，还是应按农村居民人均生活费支出标准计算。根据赔偿协议书第五项内容，原、被告均住在福建省福鼎市叠石乡库口村，因此，陈琳琳的抚养费应按农村居民人均生活费支出标准计算。

3. 原告申请的证人陈雄证言证实，车是向福鼎租赁公司租来的，每天360元，算7天的车费，为2520元，在福鼎住宿花费100元，在永定的住宿是业主支出的，其余的钱就花在吃饭和红包上。同时，被告承认在永定的食宿费及其儿子的火化费已按协议由业主支付，而未能说明红包的合理支出，因此，被告的红包支出不能认定，但在处理路途中的伙食支出可予以适当支持，加上包车费，两被告在处理事故过程中的差旅费支出额可确定为4000元。

4. 两被告申请的证人林朝蜜、温抱弟出庭作证，因与两被告有利害关系，其证言的证明力较低，不能单独作为认定案件事实的依据，且未能提供其他证据相印证，只能以原告自认的债务予以认定，其余债务不予认定，即欠曾吓红2000元债务予以认定。由于赔偿款中包含死亡赔偿金，而死亡赔偿金是属于财产损失赔偿性质，该遗产原、被告均有权继承，双方也均有义务清偿死者所欠债务，因此，两被告有权从赔偿款中代为偿还死者生前欠曾吓红2000元债务。

5. 两被告申请的证人陈诗敲出庭作证证明被告做墓花费15000元，考虑到被告老家在农村，有做墓的风俗习惯，该项费用15000元可予认定，因死者陈诗叔火化费用已由业主支付，丧葬费不另行确定，超支部分由原、被告共担。主张在叠石库口老家及寺庙做“公德”迷信的费用支出，有违公序良俗，不予采纳。

6. 原告自认已领7000元，并自2006年3月23日起一年多来，和女儿均居住在被告家，生活费都由被告支付。孙琳琳尚在婴儿期，花费较大，除车费2000元开支不合理不予认定外，该项其余支出可予认定，两项合计为21000元。

三、法院判案理由

福建省福鼎市人民法院根据上述事实和证据认为：死亡赔偿金的性质是对未来收入损失的赔偿，其性质属于财产损失赔偿，为遗产，原、被告均有权作为第一顺序继承人继承该财产，但应在清偿死者生前所欠债务后再行分割。同时，精神损害抚慰金是对死者近亲属遭受精神损害的抚慰，原、被告均有请求权，即有取得该项财产赔偿的权利。两被告作为赔偿款的保管人，在扣除处理死者丧事中所支出的费用及其他合理费用后，应将两原告应得的财产份额返还给两原告。原告阙秋平的诉讼请求在其应得的财产份额内，可按其诉讼请求确定返还金额。原告阙秋平系原告陈琳琳的母亲，她作为监护人有权保管女儿的财产。

四、法院判决结果

福建省福鼎市人民法院依照《中华人民共和国民法通则》第十六条第一款、第十八条第一款、第一百零六条第一款、《中华人民共和国继承法》第十条、第二十四条、第三十三条及最高人民法院《关于审理人身损害赔偿案件适用法律若干问题的解释》第十八条、第二十二条、第二十八条、第二十九条之规定，作出如下判决：

1. 被告陈延求、温吓花应于本判决生效之日起十日内返还给原告阙秋平死亡赔偿金、精神损害抚慰金等赔偿款13419.5 元。

2. 被告陈延求、温吓花应于本判决生效之日起十日内返还给原告陈琳琳死亡赔偿金、精神损害抚慰金、抚养费等赔偿款 43222.02 元，该款由其监护人原告阙秋平负责保管。

如果未按本判决指定的期间履行给付金钱义务，应当依照《中华人民共和国民事诉讼法》第二百三十二条之规定，加倍支付迟延履行期间的债务利息。

本案受理费 2472 元，两原告负担 1183 元，两被告负担1289 元。

辨法析理

本案是一起典型的妻子因丈夫意外事故死亡，获得赔偿款后被公婆侵占的案例。作为农村妇女，中年失偶，已是不幸之事，更因未能支配赔偿款而无法抚育女儿，生活无着，甚是雪上加霜。本案的处理，有效地维护了农村弱势群体特别是女性的合法权益。

最高人民法院《关于审理人身损害赔偿案件适用法律若干问题的解释》第二十九条明确规定了死亡赔偿金的性质是对未来收入损失的赔偿，其性质属于财产损失赔偿，为死者的遗产。本案中原、被告分别是死者的妻子、女儿和父母，均有权作为第一顺序继承人继承该财产，但应在清偿死者生前所欠债务后再行分割。同时，第十八条规定，精神损害抚慰金是对死者近亲属遭受精神损害的抚慰，原、被告均有请求权，即有取得该项财产赔偿的权利。两被告作为赔偿款的保管人，在扣除处理死者丧事中所支出的费用及其他合理费用后，应将两原告应得的财产份额返还给两原告。原告阙秋平系原告陈琳琳的母亲，其作为监护人有权保管女儿的财产。

本案的处理有如下几个方面的启示：首先，农村劳动力大量进城或出外打工，由于自身文化素质和法律水平的低下，在发生纠纷时未能维护自己的合法权益，或是在调处过程中未能明确具体的赔偿项目数额，这为日后的赔偿款分割埋下纠纷的伏笔。因此，有必要在广大农村大力开展法律宣传，特别是劳动保护和人身损害赔偿方面的规定。其次，最高人民法院《关于审理人身损害赔偿案件适用法律若干问题的解释》第二十九条规定的死亡赔偿金按照受诉法院所在地上一年度城镇居民人均可支配收入或者农村居民人均纯收入标准，按二十年计算。该规定明显是同命不同价，显现出国民待遇不平等的歧视，有违宪之嫌。最后，人民法院在处理该类型的案件时，应该本着实事求是、尊重当地民俗的原则，有的放矢地加以甄别取舍。比如有墓葬习俗的农村地区，就应考虑该项费用支出。这样才能及时化解矛盾，维护农村稳定，有力构建和谐社会。

编写人：福建省福鼎市人民法院　朱健忠

二十八、王同好、王统花、王同雨、王同成诉王同女、李兆兰分家析产纠纷案

原告名称：王同好、王统花、王同雨、王同成

被告名称：王同女

被告名称：李兆兰

一、诉辩主张

原告诉称：四原告和被告王同女均是父亲王恒标与被告李兆兰婚生子女，父亲王恒标于1988年6月去世，留有一处住房在台北盐场太和工区九组，面积为85.68平方米。四原告和被告王同女成家后均另立门户，该房一直由母亲居住。2007年上半年被告王同女瞒着四原告与拆迁部门签订拆迁安置补偿协议，将拆迁款118421元据为己有，四原告多次要求分割未果。现诉至法院，要求被告退给四原告拆迁补偿款各19736元，并由被告承担本案诉讼费用。

被告王同女辩称，原告所诉不实。原告所诉的房屋是王同女个人财产，四原告无权分割。母亲的房子实得拆迁补偿款81473元，由母亲分给其子女，所剩母亲留作养老。

被告李兆兰辩称，原告所诉房屋，其中三间堂屋原是台北盐场公房，李兆兰夫妇租住，李兆兰丈夫去世后由女儿王同女交房租，拆迁时台北盐场将该房卖给了王同女；东屋、南屋是李兆兰夫妇所建；厨房是李兆兰丈夫去世后自己建的。李兆兰不应该给四原告拆迁补偿款。

二、法院认定事实

连云港市连云区法院经公开审理查明：被告李兆兰与丈夫

王恒标共生育六子女，长子王同好，长女王同珍，次女王统花，次子王同雨，三子王同成，三女王同女。王同珍从小被其伯父母收养，户口迁至伯父母处，以父女、母女相称，并共同生活至其伯父母去世。李兆兰夫妇租住在台北盐场太和工区九组三间公房，后建东屋两间，用王统花价值300元的瓦。王统花租住东屋期间花200元将该房泥墙变成水泥墙。王恒标于1988年6月去世。李兆兰建一间厨房，并用王同女部分水泥板。王同女与王同成共建两间西屋（未取得建房手续）。王同成建两间南屋（过道）。西屋防盗门、南屋门、西屋和堂屋三个窗档、东屋一个窗档均是王同成出资，所有房屋内的三合板是王同女和王同成出资。2007年3月20日王同女取得李兆兰同意，与江苏省金桥盐业有限公司台北盐场签订《台北盐场内部折价处理公有住房协议书》，以2325元价格购得上述三间公房。2007年6月4日王同女经李兆兰同意与连云港经济技术开发区国有资产投资经营公司、连云港市房屋拆迁安置服务部签订《房屋拆迁补偿安置协议书》，将上述房屋交连云港经济技术开发区国有资产投资经营公司拆迁，三间堂屋货币补偿价为70015元，南屋货币补偿价为33067元，东屋货币补偿价为34539元，厨房货币补偿价为13867元，附属物补偿款19104元（包括西屋及该房建筑材料、所有房屋三合板补助款共6000元和李兆兰所有的附属物补偿款13104元），搬家补助费1688元，临时安置补助费3798元，奖励5000元。因选择产权调换方式，以位于昌圩湖小区安置小区内60平方米住宅1套、车库1个为安置房，并扣除王同女购房款2325元，李兆兰共领取现金为88404元。李兆兰付给王同女8000元（其中含西屋及所有房屋三合板拆迁补偿款3000元、建厨房部分水泥板3000元）；付给王同好10000元；付给王统花2500元（其中含东屋瓦款和室内水泥墙款500元）；付给王同雨11100元（其中含给王同雨之子购手机款1100元）；付给王同成24910元（其中含西屋和所在房屋三合板拆迁款3000元、南屋部分拆迁款 20000 元、西屋防盗门、南屋门、西屋窗档、堂屋三个窗档、东屋一个窗档款计 910 元、李兆兰还借搬家款 1000 元)；付给王同珍 2000 元。另借给王同雨 2000 元，交房租 2000 元，尚余 25894 元在李兆兰处，由王同女保管。

上述事实有下列证据证明：

原告举证材料：证人赵士美（系邻居）。

被告举证材料：

1. 台北盐场内部折价处理公有住房协议书一份；

2. 王同好、王同女、王同雨、王统花、王同成等出具的收条 8 份；

3. 房屋拆迁补偿安置协议书一份。

三、法院判案理由

连云港市连云区法院经审理认为：夫妻关系存续期间所得财产为夫妻共同所有；遗产第一顺序继承人为配偶、子女、父母。自收养关系成立之日起，养父母与养子女间的权利义务关系，适用法律关于父母子女关系的规定；养子女与养父母的近亲属间的权利义务关系，适用法律关于子女与父母的近亲属关系的规定。养子女与生父母及其他近亲属间的权利义务关系，因收养关系的成立而消除。本案中李兆兰与其丈夫王恒标婚生女王同珍从小被送其伯父母抚养，其伯父母与王同珍间的抚养关系成立，王同珍与李兆兰夫妇间权利义务关系消除，王恒标遗产第一顺序继承人为四原告和两被告。本案争议的东屋是李兆兰和王恒标共建，除王统花 300 元的瓦、200 元水泥墙外均是其二人共同财产，该财产的一半为李兆兰所有，另一半为王恒标遗产，由其第一顺序继承人继承，平均分割。经承租人李兆兰同意王同女与江苏省金桥盐业有限公司台北盐场签订《台北盐场内部折价处理公有住房协议书》，购买本案的三间堂屋，取得该三间堂屋所有权。本案争议的厨房是李兆兰所建，除王同女 3000 元水泥板外该房是李兆兰个人财产，归其个人所有。王同成和王同女共建的西屋和所有房屋内的三合板属其二人共有，并且双方对该财产拆迁补偿款已各半分割，该分割行为不违反法律规定，本院照准。至于西屋防盗门、南屋门、西屋窗档和堂屋三个窗档、东屋一个窗档拆迁补偿款910元，因已由李兆兰和王同女付给王同成，但未分清各房门、窗的价格，致本院也无法确定，故该款由李兆兰、王同成、王同女均担。李兆兰所有的附属物补偿款13104元归李兆兰个人所有。搬家补助费1688元，临时安置补助费3798元，奖励5000元不属于遗产，是拆迁部门对李兆兰个人的补助和奖励，不应分割。综上，因房屋拆迁款在被告李兆兰处，由其支配，故四原告要求被告王同女给付房屋拆迁款的诉讼请求，证据不足，本院不予支持。原告王同好、王统花、王同雨、王同成应得款数额分别为2836.58元、3336.58元、2836.58元、39509.58元，被告王同女和李兆兰应得款数额分别为78548.58元、54010.08元。因原告王同好和王同雨收到李兆兰所付款数额超过其应得款数额，故该两原告要求被告李兆兰给付房屋拆迁款的诉讼请求，本院不予支持。王同成已收到李兆兰给付拆迁款23910元，王统花已收到李兆兰给付的拆迁款2500元，则李兆兰还应给付王同成15599.58元，给付王统花836.58元。至于四原告称被告王同女与江苏省金桥盐业有限公司台北盐场签订《台北盐场内部折价处理公有住房协议书》无效，因该合同的签订是经承租人李兆兰同意，故四原告该主张依法无据，本院不予采信；四原告主张涉案的《房屋拆迁补偿安置协议书》不合法，因其对该《协议》的真实性和《协议》的内容未提异议，并已从两被告处领取部分拆迁款，应认定四原告对《协议》已确认，故对四原告的该主张本院不予采信。

四、法院判决结果

连云港市连云区法院依据《中华人民共和国民事诉讼法》第六十四条第一款、《中华人民共和国民法通则》第一百一十七条第一款、《中华人民共和国收养法》第二十三条、《中华人民共和国继承法》第十条第一款第一项、第十三条第一款规定，判决如下：

（一）被告李兆兰于本判决生效后十日内给付原告王同成房屋拆迁款15599.58元，给付王统花房屋拆迁款836.58元。

（二）驳回原告王同成、王统花要求被告王同女给付房屋拆迁款的诉讼请求。

（三）驳回原告王同好、王同雨要求被告王同女、李兆兰给付房屋拆迁款的诉讼请求。

辨法析理

该案是一起简单的析产、继承纠纷案，但在当前也是社会大背景下的一个缩影，具有一定的普遍性。近年来，由于拆迁建设，法院接到的类似案子不在少数。

本案四原告对争议的房屋拆迁款是否享有权利，是什么性质的权利？如享有权利，各应占多大份额？对于这几个问题取决于先后发生的法定继承和赠与的认定，以及在涉案房屋上各人修葺、出资的情况。争议的房屋中的东屋是李兆兰和王恒标共建，除王统花300元的瓦、200元水泥墙外均是夫妻二人共同财产。在一方（王恒标）死亡后，该财产的一半为李兆兰所有，另一半为遗产，由其第一顺序继承人继承，平均分割。对于其他房屋根据各人在房屋修建中的份额分割房屋拆迁款。而对于王同女已购得的三间堂屋，有理有据，该屋拆迁款应归其所有。

编写人：江苏省连云港市连云区人民法院　王丽敏　惠蕾蕾

二十九、李澄诉李清等法定继承纠纷案

原告名称：李　澄

被告名称：李　清

被告名称：张文彦

被告名称：李桂芹

一、诉辩主张

原告及其委托代理人诉称：原告父亲李西明去世前因病住院治疗花去医疗费若干，所花费用均为父亲存款。2006 年元月被告李清拿父亲医疗费单据到寿光市国营食品公司（李西明生前原工作单位）报销医疗费 28735. 37 元，以及一次性丧葬补助金10461. 1元，共计 39196. 47 元，该款被告李清除给付继母张文彦 6600 元外，其余遗产款项均独自占有，没有分给原告和妹妹李桂芹分文。现第二被告张文彦以及第三被告李桂芹均明示自愿放弃以上被告李清所占有的其余遗产，故请求法院判决第一被告李清立即付给原告李澄应分得的遗产款项 9799. 12 元。

被告李清及其委托代理人辩称：原告提到的报销医疗费 28735. 37 元、一次性丧葬补助金10461. 1元属实，但父亲李西明住院期间的医疗费用实际超出 28735. 37 元，该费用除有 8000 元出自父亲与继母的夫妻共同财产以及借用李翠玲 4600 元外，其余均为李清垫付，被告李清未侵占原告的任何权益。

被告张文彦及其委托代理人辩称：李西明住院期间支付的医疗费中有 28600 元出自夫妻共同财产，其余为李清垫付，原告对被继承人未履行赡养义务，无权继承遗产。

被告李桂芹未发表答辩意见。

二、法院认定事实

山东省寿光市人民法院公开审理查明：

原告李澄、被告李清、李桂芹分别是被继承人李西明之长子、次子、女儿，李西明生前与被告张文彦存在夫妻关系，张文彦系李澄、李清、李桂芹继母。被继承人李西明于2005年9月8日去世，其原工作单位寿光市国营食品公司报销其住院期间的医疗费28735.37元，并支付一次性丧葬补助金10461.1元，该两项款项均由被告李清领取，后被告李清分两次交给张文彦25900元。李西明住院期间的医疗费用为28735.37元，从李西明与被告张文彦的夫妻共同财产中支付28600元，其余135.37元由被告李清垫付。被告张文彦在2007年5月20日给原告出具的证明中，表示除李清交给的6600元外，不再参与分割其他医疗费及丧葬补助金，放弃应分得的份额，但在庭审过程中张文彦表示其不识字，关于放弃继承的记载不具有真实性，而且放弃继承的意思并未通知其他继承人，现其无生活来源，故不放弃继承。

上述事实有下列证据证明：

1. 被告张文彦提供的常住人口登记卡，证实张文彦与李西明之间存在夫妻关系，张文彦之外的其他当事人对此亦无异议，该常住人口登记卡具有有效的证明效力，认定张文彦与李西明之间存在夫妻关系。张文彦之外的其他当事人之间的相互关系以及与李西明之间的关系，原、被告均无异议，认定原告李澄、被告李清、李桂芹分别是被继承人李西明之长子、次子、女儿。

2. 原告提供的山东省寿光市食品公司清算组出具的书面证明证实其原工作单位寿光市国营食品公司为李西明报销住院期间的医疗费28735.37元，并支付一次性丧葬补助金10461.1元，该两笔款项均由李清领取，该书面证明，被告李清予以承认，应予以采信，认定寿光市国营食品公司为李西明报销住院期间的医疗费28735.37元及支付的一次性丧葬补助金10461.1元均由李清领取。而且根据山东省寿光市食品公司清算组出具的书面证明及原、被告四人的陈述，足以认定，李西明于2005年9月8日去世。

3. 被告张文彦作为李西明之妻，陈述李西明住院期间，从夫妻共同财产中支付医疗费28600元，其余为李清垫付；在原告提供的有被告张文彦按印的书面证明、调查笔录中，张文彦亦承认医疗费中有28600元是用夫妻共同财产支付的，该两份证据形成于发生诉讼之前，确系张文彦按印，反映的医疗费支付情况是真实的，对于证明、调查笔录中关于李西明医疗费支付情况的部分，予以采信。由此认定李西明住院期间所花费的医疗费，从夫妻共同财产中支付28600元，其余135.37元为被告李清垫付。被告李清主张医疗费中除有8000元出自父亲与继母的夫妻共同财产以及借用李翠玲4600元外，其余均为李清垫付，并无证据证明，不予认定。

4. 原告提供的2007年5月20日的被告张文彦按印的书面证明中，张文彦曾表示除李清已经交给的6600元外，不再参与分割其他医疗费及丧葬补助金，放弃应分得的份额。该证明系原告方到被告张文彦处取得，内容非张文彦本人所写，非张文彦向其他继承人主动作出的表示，除原告外，张文彦亦未向其他继承人公开表示过放弃继承的意思，而且张文彦当庭对其他继承人表示不放弃继承，故该证明的本身虽有被告张文彦按印，但并不具有证明张文彦确已放弃继承的证明效力，故不予采信。

三、法院判案理由

山东省寿光市人民法院根据上述事实和证据认为：

原、被告四人系被继承人李西明的法定第一顺序继承人，有权继承被继承人的合法遗产。原告提供的证明中虽有被告张文彦放弃继承的表示，但若非本人主动向他人作出的意思表示，且其并未向原告之外的其他继承人公开表示过放弃继承，故对其在庭审中作出的不放弃继承遗产的意思表示本院予以承认，认定其仍具有继承李西明遗产的权利；原告主张被告李桂芹已放弃继承，无证据证实，庭审中李桂芹亦未有放弃继承的表示，故认定被告李桂芹未放弃继承；被告张文彦主张原告对被继承人未尽赡养义务，无证据证实，其关于原告无权继承的答辩意见，不予支持。被继承人原工作单位报销的医疗费28735.37元，在清偿李清垫付的135.37元后，剩余的28600元为被告与被继承人夫妻共同财产，其中的一半即14300元归被告张文彦所有，另外的14300元认定为被继承人的遗产，根据同一顺序继承人继承遗产的份额一般应当均等的原则，由原、被告四人平均分割。被继承人去世后，其原单位支付的一次性丧葬补助金10461.1元，并非被继承人死亡时遗留的个人财产，故不属遗产，原告将其列入遗产范围是错误的，但该款项由部分继承人占有对其他继承人确不公平，为平等保护各方的利益，根据公平原则，本院判定由原、被告四人平均分割该款项。被告李清、张文彦在扣除自己应分得的遗产和其他款项外，其余多占的部分应交付原告李澄与被告李桂芹。

山东省寿光市人民法院依照《中华人民共和国民法通则》第四条、《中华人民共和国继承法》第十三条第一款、第二十六条第一款、《最高人民法院关于贯彻执行〈中华人民共和国继承法〉若干问题的意见》第五十条之规定，作出如下判决：

被继承人李西明的遗产14300元及其原工作单位支付的一次性丧葬补助金10461.1元，原、被告四人各分得6190.28元，被告李清于判决生效后三日内将多占的6970.82元（28735.37元+10461.1元－25900元－135.37元－6190.28元）各交付原告李澄与被告李桂芹3485.41元；被告张文彦于判决生效后三日内将多占的5409.72元（25900元－14300元－6190.28元）各交原告李澄与被告李桂芹2704.86元。

案件受理费402元，由被告李清负担226元，被告张文彦负担176元。

辨法析理

本案中遗产存在于夫妻共同财产之中，应当注意保护被继承人配偶的合法的财产权利，从共同财产中确定遗产后再进行遗产处理。对于曾经有放弃继承的意思，但在遗产处理前又表示未放弃继承的，应当根据其具体理由是否正当，确定其是否已经放弃继承，是否仍有继承遗产的权利。

编写人：山东省寿光市人民法院　夏宝山　程玉章

三十、王志明诉钟亚奇遗嘱继承纠纷案

原告名称：王志明

被告名称：钟亚奇（曾用名，钟玉鸣）

法定代理人：钟永巍（被告之父）

一、诉辩主张

原告王志明诉称：坐落在北京市崇文区宝华里 80 号院 1 号楼 5 单元 303 号的楼房一套原系承租公房，1993 年根据房改政策该房登记在我父亲王坤厚名下。2006 年 10 月王坤厚去世，1992 年 2 月我母亲王金去世，他们的父母均先于他们死亡，他们生育了我和姐姐王晓萍两个子女。1987 年王晓萍与钟永巍登记结婚，婚后他们生育了一女钟亚奇，1997 年 9 月他们离婚，1998 年 10 月王晓萍自杀身亡。1991 年左右我父亲曾亲笔书写了一份遗嘱，我母亲也亲笔签名了，他们表示上述房屋归我继承。我不同意对该房进行评估，我觉得它的市场价也就是每平方米 5000 元，现我要求上述房屋依据遗嘱归我所有。诉讼费、鉴定费依法负担。

被告钟亚奇辩称：我父母不是 1987 年而是 1986 年结婚的。原告王志明所称的遗嘱我不认可，王金去世时曾把钱留给王晓萍，所以我认为该遗嘱的内容不是王金的真实意思；而且该遗嘱的内容在时间上有矛盾之处，所以我怀疑该遗嘱的真实性，我认为这是一份伪造得很逼真的文件。我要求依法继承，我们各享有该房的二分之一份额。我同意不必对该房的市场价值进行评估，并同意按照每平方米 5000 元的标准计算该房价值，该房可以归他所有，但他应给付我相应的房屋补偿款。诉讼费、鉴定费同意依法负担。

二、法院认定事实

北京市崇文区人民法院经公开审理查明，坐落在北京市崇文区宝华里 80 号院 1 号楼 5 单元 303 号（建筑面积 77.35 平方米）的楼房一套原系公房，1993 年王坤厚交纳 1 万余元购买了该房，1995 年 3 月该房产权登记在其名下。王坤厚于 2006 年 10 月死亡，其妻王金于 1992 年 2 月死亡，二人的父母均先于其死亡。王坤厚与王金婚后生育一女王晓萍、一子王志明。王晓萍与钟永巍原系夫妻关系，双方于 1993 年 2 月生育一女钟亚奇，后于 1997 年 9 月离婚，王晓萍于 1998 年 10 月死亡。王晓萍去世后，钟亚奇一直由钟永巍抚养。王坤厚曾亲笔书写并由王金亲笔签名了一份抬头为："北京市公证处及法院"的信件（未注明年、月、日)，在该信件中他表示："我终生有儿子王志明、女儿王晓萍共二人，我的全部财物由王志明一人继承所有。包括房屋居住、家具、电器、衣服、被褥和全部钱财全部归王志明所有使用；坚决不给王晓萍一分一文，一针一线，坚决不给王晓萍丝毫财物。"上述信件经法大法庭科学技术鉴定研究所鉴定系王坤厚亲笔书写并签名，同时系王金亲笔署名。庭审中，原、被告双方均明确表示不对诉争房屋进行评估，均认可该房价值按照每平方米 5000 元的标准计算。

上述事实有下列证据证明：

1. 房产证证实北京市崇文区宝华里 80 号院 1 号楼 5 单元 303 号楼房一套系王坤厚所有。

2. 王坤厚的死亡证明书证实其死亡时间为 2006 年 10 月 16 日。

3. 王坤厚书写、其妻王金签名的信件证实王坤厚曾书面表示将诉争房屋由王志明居住使用。

4. 物证技术学鉴定书证实证据 3 系王坤厚亲笔书写并署名，且该信件中的王金签名亦系本人书写。

5. 派出所证明证实王金于 1992 年 2 月 20 日死亡，其与王坤厚生有王晓萍、王志明两个子女；王晓萍于 1998 年 10 月 11 日自杀，其生有一女钟玉鸣。

6. 鉴定费发票证实王志明垫付了鉴定费 6000 元。

三、法院判案理由

北京市崇文区人民法院根据上述事实和证据认为：北京市崇文区宝华里 80 号院 1 号楼 5 单元 303 号的楼房一套系王坤厚名下的私产，现其与妻子均已死亡，且二人的父母均先于其死亡，二人虽曾留有信件表示将其全部财物由王志明一人继承，但当时王坤厚尚未取得该房的所有权，且其明确表示该房归王志明居住，故上述房屋应由其法定继承人王志明、王晓萍依法继承。鉴于王晓萍先于王坤厚死亡，故其应继承的遗产份额依法应由女儿钟亚奇代位继承。同一顺序继承人继承遗产的份额，一般应当均等，鉴于王晓萍早年死亡，王志明常年与王坤厚共同生活，对其尽了较多的赡养义务，所以王志明在遗产分割上可以适当多分。遗产分割应当有利于生产和生活需要，不损害遗产的效用，故本院对诉争房屋将酌情采取折价、共有、适当补偿的方法予以处理。

四、法院判决结果

北京市崇文区人民法院依照《中华人民共和国继承法》第十一条、第十三条、第二十九条，作出如下判决：

1. 坐落在北京市崇文区宝华里 80 号院 1 号楼 5 单元 303 号楼房一套归王志明所有；

2. 王志明给付钟亚奇房屋补偿款 1 万元（本判决生效后一个月内给付）；

3. 驳回原、被告其他诉讼请求。

鉴定费 6000 元由王志明负担 5000 元（已交纳），由钟亚奇负担 1000 元（于本判决生效后七日内交纳）。

案件受理费 3550 元，由王志明负担 3000 元（已交纳），由钟亚奇负担550元（于本判决生效后七日内交纳）。

辨法析理

这是一起典型的涉及自书遗嘱效力认定的案件。依据我国《继承法》第五条的规定，继承开始后，按照法定继承办理；有遗嘱的，按照遗嘱继承或者遗赠办理；有遗赠扶养协议的，按照协议办理。通过上述条款可以看出遗嘱继承优先于法定继承。这样规定是基于对被继承人享有充分行使财产处分权的尊重，同时该规定也体现出遗嘱的重要性。法律规定了公证遗嘱、自书遗嘱、代书遗嘱、录音遗嘱、口头遗嘱等多种遗嘱形式，但无论何种形式的遗嘱都必须内容合法、形式要件充分、系遗嘱人真实意思表示且该表示表述明确。本案中原、被告争议的焦点就是被继承人王坤厚所书写的信件是否是自书遗嘱；其在信件中对诉争房屋的意思表示能否认定为将诉争房屋由王志明继承。《最高人民法院关于贯彻执行〈中华人民共和国继承法〉若干问题的意见》第四十条规定，公民在遗书中涉及死后个人财产处分的内容，确为死者真实意思的表示，有本人签名并注明了年、月、日，又无相反证据的，可按自书遗嘱对待。王坤厚所书写的信件并非其遗书，且该信件未注明年、月、日，所以该信件不符合自书遗嘱应具备的形式要件，不能作为自书遗嘱对待。另外，该信件有王金的亲笔署名，从王金的死亡时间来判断，该信件书写时间在1992年2月之前，而王坤厚购买房屋是1993年，取得房产证是1995年3月，因此王坤厚在该信件中虽表示其全部财物由王志明一人继承所有，但其当时尚未取得诉争房屋的所有权，另其在信件中也明确表示了全部财物的范围包括房屋居住、家具、电器、衣服、被褥和全部钱财。综上，从该信件中仅能得出王坤厚欲将诉争房屋的使用权留给王志明。本案给我们的启示是公民在留遗嘱时应严格按照法律规定，注重形式要件，意思表示应真实、明确。

编写人：北京市崇文区人民法院　徐静

三十一、翟书合诉翟淑江、翟淑梅、翟书海分家析产纠纷案

上诉人（原审被告）：翟书合
被上诉人（原审原告）：翟淑江
被上诉人（原审原告）：翟淑梅
被上诉人（原审被告）：翟书海

一审情况

一、一审诉辩主张

翟淑江、翟淑梅在原审法院诉称：翟淑江、翟淑梅与翟书合、翟书海系兄弟姐妹关系。翟淑江、翟淑梅、翟书合、翟书海的父亲翟克成于 1993 年去世，翟淑江、翟淑梅、翟书合、翟书海的母亲刘桂婷于 1988 年去世。翟淑江、翟淑梅、翟书合、翟书海父母生前与翟淑江、翟淑梅、翟书合、翟书海共同兴建北房八间半、东房二间、西房三间。现该房屋已拆迁，房屋拆迁款已被翟书合领取。故诉至法院，要求对房屋拆迁款进行析产继承。并由翟书合、翟书海承担本案的诉讼费。

翟书合在原审法院辩称：在农村的房屋所有权是以宅基地所有权为准，本案的房屋所有权及使用权由翟书合享有。本案争议的财产已经进行了析产，翟克成去世后对家庭财产已经进行了处分，翟淑江、翟淑梅与翟书合、翟书海都没有异议。争议的房屋所有权证书是在 1996 年核发的，至今已经 10 年，超过了诉讼时效。翟淑江、翟淑梅及翟书海都是居民，不享有宅基地使用权，所以翟淑江、翟淑梅的诉讼请求没有法律依据，

故不同意翟淑江、翟淑梅的诉讼请求。

翟书海在原审法院辩称：有我的份额我要求分割，听从法院的判决。

二、一审法院认定事实

翟淑江、翟淑梅与翟书合、翟书海系兄弟姐妹关系，与翟克成（男）、刘桂婷（女）系父母子女关系。翟克成与刘桂婷共生有二子二女。刘桂婷于1988年11月24日死亡，翟克成于1993年死亡。1980年在北京市昌平区小汤山镇常兴庄村5号院建北房5间，东房2间；1983年至1984年间，在北京市昌平区小汤山镇常兴庄村30号院建北房4间，西房3间。1993年4月11日翟书海与翟书合签订卖房合同书，翟书海将5号院的房屋卖给翟书合。上述房屋由翟书合占有使用。翟书合在使用期间，在两个院中又另建其他房屋。1996年4月1日昌平区土地管理局为翟书合核发了5号院、30号院的集体土地建设用地使用权证。2005年5月18日北京翰宏基业房地产开发有限公司与翟书合就5号院签订了拆迁补偿协议。协议约定：被拆迁房屋宅基地区位补偿价323442元。2005年9月1日北京翰宏基业房地产开发有限公司与翟书合就30号院签订了拆迁补偿协议。协议约定：被拆迁房屋宅基地区位补偿价379512元；被拆迁房屋重置成新价81116元。根据北京昌房房地产评估有限责任公司对30号院的评估结果通知单，其中，北房4间31217元，西房3间13473元。

另查，1983年建房时翟淑江、翟淑梅与翟书合、翟书海都与父母共同生活，翟淑江、翟书合、翟书海已参加工作，翟淑梅尚未成年。

上述事实，有拆迁补偿协议书、评估结果通知单、卖房合同书、小汤山派出所证明、结婚证、集体土地建设用地使用权证及双方当事人的陈述在案佐证。

原审法院判决认为，坐落在北京市昌平区小汤山镇常兴庄村 5 号院的房屋，因翟书合与翟书海订有买卖合同，翟淑江、翟淑梅与翟书合、翟书海对该合同的效力持有异议，应另案确定合同效力后再行处理。坐落在北京市昌平区小汤山镇常兴庄村 30 号院的北房 4 间，西房 3 间系翟克成、刘桂婷、翟淑江、翟书合、翟书海共有财产。现翟克成与刘桂婷均已死亡，应由其二人的第一顺序继承人继承其财产。被告翟书合的辩解没有事实及法律依据，法院对其辩解不予采信；被告翟书海明确表示要求分割其应得的份额，法院对其份额予以确认；翟淑江、翟淑梅要求翟书合、翟书海分割拆迁款的请求合理部分，法院予以支持。

三、一审法院判决结果

依据《中华人民共和国民法通则》第七十八条、《中华人民共和国婚姻法》第二十四条、《中华人民共和国继承法》第十条之规定，判决：（一）翟书合给付翟淑江人民币九万三千一百零十二元，于本判决生效后三十日内给付。（二）翟书合给付翟淑梅人民币三万一千零三十三元，于本判决生效后三十日内给付。（三）翟书合给付翟书海人民币九万三千一百零十二元，于本判决生效后三十日内给付。（四）驳回翟淑江、翟淑梅的其他诉讼请求。

二审情况

一、二审诉辩主张

翟书合不服一审判决，以一审判决认定事实不清为由提起上诉。请求二审法院撤销一审判决，依法改判驳回对方诉讼请求。

翟淑江、翟淑梅、翟书海同意一审判决，不认可对方的上诉请求。

二、二审法院认定事实

二审认定事实和证据与一审法院一致。

三、二审法院判案理由

二审法院判决认为，坐落在北京市昌平区小汤山镇常兴庄村5号院的房屋，因翟书合与翟书海订有买卖合同，翟淑江、翟淑梅与翟书合、翟书海对该合同的效力持有异议，原审法院认为应另案确定合同效力后再行处理，并无不当。坐落在北京市昌平区小汤山镇常兴庄村30号院的北房4间，西房3间系翟克成、刘桂婷、翟淑江、翟书合、翟书海共有财产。现翟克成与刘桂婷均已死亡，应由其二人的第一顺序继承人继承其财产。根据《中华人民共和国土地管理法》的规定，宅基地属于农民集体所有。只有农村集体经济组织内部成员才享有宅基地使用权。根据本案的事实，北京市昌平区小汤山镇常兴庄村30号院的宅基地使用权人为翟书合，而翟淑江、翟淑梅、翟书海已转为城镇户口，因此翟淑江、翟淑梅、翟书海无权分得被拆迁房屋的宅基地区位补偿款，只能对房屋拆迁补偿款取得其应有份额。原审法院判决未考虑对宅基地使用权的相关法律规定，所作出的判决不当，应予改判。

依据《中华人民共和国土地管理法》第八条、第六十二条，《中华人民共和国民事诉讼法》第一百五十三条第一款第(三)项之规定，判决如下：

(一)撤销北京市昌平区人民法院（2006）昌民初字第373号民事判决；

(二)翟书合给付翟淑江人民币一万三千四百零五元，于本判决生效后三十日内给付。

(三)翟书合给付翟淑梅人民币四千四百六十八元，于本判决生效后三十日内给付。

(四)翟书合给付翟书海人民币一万三千四百零五元，于本判决生效后三十日内给付。

（五）驳回翟淑江、翟淑梅的其他诉讼请求。

辨法析理

本案争议焦点有二：一是宅基地使用权的确权原则；二是在遇继承等法定事由时对其应如何处分。

（一）宅基地使用权的确权原则。宅基地使用权是指农村集体经济组织成员在依法取得的集体经济组织所有的宅基地上建造房屋及其附属设施，并对宅基地进行占有、使用和有限制处分的权利。农村宅基地使用权是一项独立的用益物权，与土地承包经营权、建设用地使用权、地役权等处于并列地位，是我国特有的一种用益物权形式。

结合现已颁布实施的《中华人民共和国物权法》及我国现阶段的实际情况，宅基地使用权具有如下特点：一、宅基地的所有权归集体所有。在我国土地分属国家和集体所有，而用于建造房屋的土地因其所有权归属不同而分为建设用地使用权和宅基地，前者属于国家所有，后者则属于集体所有。《中华人民共和国宪法》第十条规定："农村和城市郊区的土地，除由法律规定属于国家所有的以外，属于集体所有；宅基地和自留地、自留山，也属于集体所有。"而《中华人民共和国土地管理法》第八条第二款规定："农村和城市郊区的土地，除由法律规定属于国家所有的以外，属于农民集体所有；宅基地和自留地、自留山，属于农民集体所有。"上述法律均已明确了宅基地所有权归农民集体所有。二、宅基地使用权的主体是特定的农村集体经济组织成员。土地作为一种珍贵的资源是有限的，宅基地亦是有限和稀缺的资源，因此从维护农村的稳定和农民的切身利益的角度出发，宅基地使用权的主体只能是本集体经济组织的成员，这不仅体现在《宪法》、《物权法》、

《土地管理法》当中，在国务院办公厅发布的《关于加强土地转让管理严禁炒卖土地的通知》第二条第二款规定："农村的住宅不得向城市居民出售。"国务院《关于深化改革严格土地管理的决定》中规定："加强农村宅基地管理，禁止城镇居民在农村购置宅基地。"上述规定均确认了宅基地使用权的主体问题。三、宅基地使用权的有限性。这主要体现在权利人原则上只能用宅基地建造住宅及附属设施，不能买卖转让。很多法律中都有规定予以体现，如《物权法》第一百八十四条规定："下列财产不得抵押：……（二）耕地、宅基地、自留地、自留山等集体所有的土地使用权，但法律规定可以抵押的除外……"

关于宅基地使用权的取得。宅基地使用权的取得应明确贯彻一户一宅的原则，切实维护农民的合法权益，应具体审查以下几个方面：一、主体资格，是否本集体经济组织成员，是否无宅基地的成员；二、取得宅基地使用权的方式是首先向村民所在的农村集体经济组织提出申请，该组织审核同意后提交乡（镇）土地管理部门；乡（镇）土地管理部门应在接到申请后到现场查看；最后，申请人填写"建房用地审批表"，经乡（镇）人民政府审核后报县级人民政府土地管理部门审批。

在明确了上述问题后笔者认为，宅基地使用权的确权原则应依据《物权法》第十四条规定："不动产物权的设立、变更、转让和消灭，依照法律规定应当登记的，自记载于不动产登记簿时发生效力。"宅基地使用权是经审批并予以登记取得的，同理在其转让或消灭时亦应进行登记。

(二)遇继承等法定事由时对其应如何处分。欲解析本案的前提需弄清案件中的一些事实，本案中的几个焦点事实是：其一，诉争的常兴庄30号房屋北房4间、西房3间系双方当事人父母生前（翟克成1993年死亡、刘桂婷1988

年死亡）建造并居住使用，现诉争房屋之宅基地使用权登记在翟书合名下（1996 年取得宅基地使用权证）；其二，诉争房屋 2005 年遇拆迁，翟书合与拆迁公司签订了相关拆迁协议并委托评估鉴定机构对诉争的被拆迁房屋的补偿价格进行了鉴定，结论为宅基地区位补偿款（对土地的补偿）为 379512 元，北房 4 间的被拆迁房屋重置成新价（对地上物的补偿）为 31217 元，西房 2 间的被拆迁房屋重置成新价为 13473 元；其三，本案当事人中翟书合为农村户口，翟淑江、翟淑梅、翟书海均为城镇户口。

综合以上案件中的事实及之前概述的宅基地使用权的相关法律规定我们可以认定，因诉争房屋的宅基地使用权登记在翟书合名下，且本案的其余继承人即翟淑江、翟淑梅、翟书海的户口均已不在本集体经济组织，非本集体经济组织成员，故此宅基地区位补偿款应归属于翟书合，该部分款项不发生继承。而对于被拆迁房屋重置成新价的这部分补偿则发生继承，具体份额按照建房时是否参与建房及法定继承的规定，由翟淑江、翟淑梅、翟书合、翟书海予以继承。本案中一审法院未考虑宅基地使用权的特殊规定将所有的补偿款均予以析产继承不妥，二审法院予以纠正并作出的判决正确。笔者认为在今后涉及农村的拆迁、继承、分家析产等纠纷的处理上，应严格把握并区分宅基地使用权与房屋等地上物在处理原则上的不同，并应结合案件实际情况作出判决，以维护农村的稳定，保护农民的合法权益。

编写人：北京市第一中级人民法院　柳适思

三十二、闫敬英诉闫敬孝、闫敬美、闫敬华父母骨灰合葬纠纷案

原告名称：闫敬英
被告名称：闫敬孝
被告名称：闫敬美
被告名称：闫敬华

一、诉辩主张

原告诉称：母亲宋兰香于上世纪40年代与闫更双结婚，生育三个子女，即三被告。1958年，闫更双因公去世。1962年，我母亲带着三被告改嫁闫志顺，1964年1月29日生育了我。我父亲于1982年病故。母亲于2006年病故，我当时便强烈要求将母亲的骨灰与我父亲合葬，但三被告不顾我的苦苦哀求，强行将母亲的骨灰与被告的生父闫更双合葬。请依法判令被告将我母亲的骨灰移回我父亲闫志顺处合葬，并赔偿我精神损害抚慰金500.0元。

被告闫敬孝、闫敬美、闫敬华辩称：原告所诉与事实不符，我们母亲生病住院期间，我们曾问母亲以后葬在何处，母亲说与我们的生父合葬。当时原、被告都在场，很多帮忙的人也都在场，原告也没有表示异议，我们才遵从母亲遗愿将其骨灰与我们的生父合葬。母亲的住院费和丧葬费也都是闫敬孝一个人支付。原告对母亲生不养死不葬，无权处理母亲的善后事宜，应依法驳回原告的诉讼请求。

二、法院认定事实

经审理查明，宋兰香于上世纪40年代与闫更双结婚，生育三个子女，即三被告。1958年，被告父亲闫更双因公去世。

1962 年，三被告随母亲宋兰香改嫁闫志顺。当时三被告的年龄分别是 14 岁、12 岁和 6 岁。1964 年 1 月 29 日，宋兰香与闫志顺生育原告闫敬英。1970 年 5 月，被告闫敬孝结婚，1978 年其生父闫更双因工死亡落实政策，组织安排闫敬孝“接班”到内蒙古包头市矿务局参加工作，2001 年病休回原籍与母亲宋兰香一起居住。1972 年 9 月，被告闫敬美结婚出嫁；1978 年 5 月被告闫敬华结婚出嫁；1989 年原告闫敬英结婚出嫁。1982 年，闫志顺病故。2006 年 7 月，宋兰香去世。原、被告四人以闫敬孝为主在为宋兰香举行葬礼后将其骨灰寄存于东南村灵堂，与前夫闫更双的骨灰存放在一起。当时原告在场，但并未提出异议。被告辩解宋兰香曾表示要与闫更双合葬，原告也同意，但证人未出庭作证。按照本地传统习俗，改嫁妇女去世以后应与后夫合葬。

上述事实，有下列证据证实：

1.（2006）乐城民一初字第 618 号民事判决书、（2007）潍民一终字第 448 号民事判决书，证明原、被告之间以及原、被告与宋兰香、闫更双、闫志顺的关系；宋兰香、闫更双、闫志顺分别去世的时间；原、被告分别结婚的时间等。

2. 昌乐县城关街办西村村委的书证，证明宋兰香于 2006 年 7 月 3 日去世，其骨灰寄存于东南村灵堂。

三、法院判案理由

昌乐县人民法院根据上述事实和证据认为：本案双方当事人争议的标的物是母亲的骨灰。当自然人去世以后，其尸体火化为骨灰，形成一种特殊的物质。骨灰虽无使用价值，但却寄托了生者对逝者的思念，是亲属祭奠逝者、寄托哀思的载体。本案中，双方争议的焦点是宋兰香的骨灰应该与闫更双合葬还是与闫志顺合葬的问题。若要解决与谁合葬的问题，则应首先解决安葬权问题。关于安葬权，我国现行法律尚无明文规定，但法学界专家认为，安葬权是基于一定的身份关系而由死者的近亲属享有的按照一定的方式将死者安葬在一定地点的权利。按照通常理解，只有死者的近亲属才有权决定如何安葬。此项解释完全符合我国传统的善良风俗，应当加以遵守和执行。本案原、被告四人均系宋兰香的亲生子女，都享有对母亲的安葬权，而且双方都采取积极的态度安葬母亲，送终尽孝，值得肯定和表扬。但原、被告双方在合葬问题上产生分歧，应当妥善解决。原、被告是同母异父兄弟姊妹，如果四人合意一致，决定将其母与前夫合葬或者是与后夫合葬，皆无不妥，无论亲属邻里，还是社会公众，都无权干涉，法院也定会尊重当事人的意愿和选择，予以照准。但是如果原、被告四人在合葬问题上发生纠纷，则应当按照法律规定的社会关系标准和善良风俗习惯加以确定。我国《民法通则》规定，公民的民事权利能力始于出生而终于死亡，在闫更双去世以后，其与宋兰香的婚姻关系即告终结，如果宋兰香不再嫁人，其去世以后与闫更双合葬当无异议。当时宋兰香年轻，有权再嫁，三被告年幼，需要抚养。宋兰香带三被告改嫁闫志顺，即与闫志顺确立合法的婚姻关系，而闫志顺与尚未成年的三被告形成继父与继子女关系。我国《婚姻法》明确规定继父母与受其抚养教育的继子女间的权利和义务同亲生父母子女的关系完全相同。闫志顺把三被告抚养教育成人，在外界看来继父如同亲父。与此相反，原告闫敬英与闫更双在身份上不存在任何法律关系。我国的丧葬事宜深受孔孟等传统文化的影响，非常注重礼节礼法，按照民间习俗，改嫁妇女去世以后应与后夫合葬。综上所述，从法律规定的家庭成员之间的关系来看，从亲疏程度来看，从感情因素来看，从道德风俗习惯来看，宋兰香都应当与闫志顺合葬，故应支持原告的诉讼请求。被告辩称其母在生前已嘱托把自己与闫更双合葬，却未提供任何证据加以证明；被告还辩称，当决定其母与闫更双合葬时，原告闫敬英未表示异议。未表示异议的心理状态，可能是赞同，也可能是反对。只有明示赞同，才是合意一致，不能将沉默推定为赞同。况且，原告闫敬英在庭审中申明，基于在母亲葬礼上不宜与被告发生冲突的考虑，才未提出异议；被告又辩称，原告闫敬英未支付母亲的医药费、丧葬费，就无权处理母亲的善后事宜。如何行使安葬权，取决于当事人的身份关系，而不取决于是否支付费用。综上所述，被告的辩解理由均不成立，不予采纳。原告主张精神损害抚慰金，但缺乏事实依据。宋兰香是原告闫敬英之母，又是被告闫敬孝、闫敬美、闫敬华之母。原、被告四人对母亲都怀有深厚的感情，在母亲去世以后体面地予以安葬，送终尽孝，为人称道。只不过在母亲与谁合葬的问题上发生偏差，当被告决定将母亲与闫更双合葬时，原告未提出异议。因此被告没有故意冒犯原告的意思和行为，对原告要求精神损害赔偿的请求，不予支持。

四、法院判决结果

昌乐县人民法院依照最高人民法院《关于确定民事侵权精神损害赔偿责任若干问题的解释》及有关法律规定，作出如下判决：

1. 原告闫敬英与被告闫敬孝、闫敬美、闫敬华于判决生效后七日内共同将母亲宋兰香的骨灰移至其父亲闫志顺处合葬。

2. 驳回原告的其他诉讼请求。

案件受理费 260 元、其他诉讼费 563 元，原告负担 206 元，被告闫敬孝负担 207 元，被告闫敬美、闫敬华各负担 205 元。

辨法析理

本案的难点在于没有具体的法律规定和案例可供借鉴。经合议庭多次研究并向山东大学法学院有关专家多次请教沟通以后，形成上述判决意见。本来情绪非常对立的双方在判决以后均没有提起上诉。本案的争议焦点主要是宋兰香的骨灰应该与闫更双合葬还是与闫志顺合葬，另外还有三个争议焦点：1. 原告没有支付母亲住院期间的医疗费，是否还享有对母亲骨灰的安葬权；2. 原告在其母与闫更双合葬时未表示异议是不是一种赞同的意思表示；3. 原告主张精神损害赔偿是否成立。

（一）宋兰香的骨灰应该与闫更双合葬还是与闫志顺合葬。我国法律没有规定合葬的问题，既然没有法律规定，我们的判案依据便只有依照民法原理，再考虑民间习惯和习俗。因此，该判决从法律规定的家庭成员之间的关系、亲疏程度、感情因素以及道德风俗习惯四个方面进行了阐述，无论从哪个方面来看，宋兰香都应当与闫志顺合葬，故支持了原告的诉讼请求。

（二）原告没有支付母亲住院期间的医疗费，是否还享有对母亲骨灰的安葬权。如何行使安葬权，取决于当事人的身份关系，而不取决于是否支付费用。原告是宋兰香的女儿，当然享有对宋兰香骨灰的安葬权。

（三）原告在其母与闫更双合葬时未表示异议是不是一种赞同的意思表示。未表示异议的心理状态，可能是赞同，也可能是反对。只有明示赞同，才是合意一致，不能将沉默推定为赞同。况且，原告闫敬英在庭审中申明，基于在母亲葬礼上不宜与被告发生冲突的考虑，才未提出异议。因此，原告当时没有表示异议，并非就是赞同的意思表示。

（四）原告主张精神损害赔偿是否成立。宋兰香是原告闫敬英之母，又是被告闫敬孝、闫敬美、闫敬华之母。原、被告四人对母亲都怀有深厚的感情，在母亲去世以后体面地予以安葬，送终尽孝，为人称道。只不过在母亲与谁合葬的问题上发生偏差，当被告决定将母亲与闫更双合葬时，原告未提出异议。因此被告没有故意冒犯原告的意思和行为，原告要求精神损害赔偿缺乏事实依据，不能成立，对其该项请求，法院没有支持。

编写人：山东省昌乐县人民法院　刘强